# 反骨の系譜

常陸国政治風土記物語

岡野龍太郎

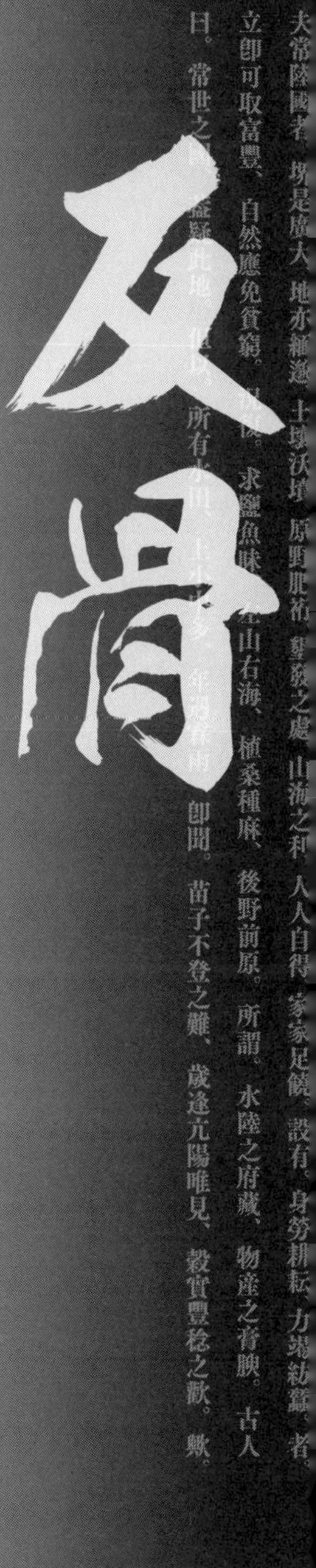
反骨
夫常陸國者、堺是廣大、地亦緬邈、土壌沃墳、原野肥衍、墾發之處、山海之利、人人自得、家家足饒、設有、身勞耕耘、力竭紡蠶、者
立即可取富豐、自然應免貧窮。況復、求鹽魚味、左山右海、植桑種麻、後野前原。所謂、水陸之府藏、物産之膏腴。古人
曰。常世之國、蓋疑此地。但以、所有水田、上小中多、年遇霖雨、即聞。苗子不登之難、歳逢亢陽唯見、穀實豐稔之歡。歟。

論創社

反骨の系譜

常陸国政治風土記物語

目次

# 反骨の系譜——常陸国政治風土記物語

# 序章　旅のはじめに

これは物語である。そして二〇〇〇年余の時空を超えた常陸国の悠久の歴史への旅である。古代に筑波山と霞ヶ浦に象徴される美しい景観に育まれた常陸国の風土に滔々と流れる日本人の心の源流を探す物語でもある。さらに、これは物語であるが、現代の政治に対する政治評論でもあり、歴史の随筆でもあり、歴史の旅の旅行記でもある。

常陸国は、『常陸国風土記』に著わされる以前の縄文・弥生時代に霞ヶ浦が内海だった時代から、海の幸、山の幸、肥沃な土地と穏やかな気候に恵まれ〝常世の国〟と謳われた桃源郷であった。そして鹿島神宮や筑波山神社をはじめとして常陸国の各地に数多くの神話や伝説が残っている。

最近では日本神話と考古学を再考する田中英道著『高天原は関東にあった』（勉誠出版）により新たな古代史の扉が開かれ、鹿島神宮と香取神宮のある関東の歴史が再発見されている。

このような常陸国の歴史では、古くは中臣鎌足に始まり、藤原宇合《うまかい》、阿倍仲麻呂、吉備真備《きびのまきび》、安倍晴明、平将門、桓武平氏、清和源氏、南北朝時代、鎌倉、戦国時代を経て豊臣、徳川時代へと多くの武将の栄枯盛衰があり、大和国や京都の中央政府に翻弄されながらも東国武士ルーツの歴史絵巻が繰り広げられている。そして徳川時代初期に明の遺民・朱舜水のもたらした儒学の精神は、日中交流の源流となり、水戸光圀、斉昭、藤田東湖により「水戸学の精神」を育み、その水戸学精神は反骨の系譜として明治維新の起爆剤となり近代国家の幕開けを導いた。さらに戦前、戦中、戦後とこの常陸国の精神風土の中から気骨ある「反骨の政治家」が出現し、時代の大転換期に大きな役割を果たしてきたのである。権力を求めず、無私の精神で、民に寄り添う政治家群像のことである。

これらの新たな視点で常陸国の各地に伝わる古くからの言い伝えや伝聞、伝説の類を検証すると、それぞれ断片的に地方に伝わる言い伝えの集積がジグソーパズルのように常陸国二千年の歴史の姿を彷彿とさせてくるのである。飛鳥、奈良時代に日本の人口が五五〇万人のころ、常陸国は二二万人が住む「大国」であった。同時に、中国や東南アジアから太平洋の黒潮に運ばれて内海の霞ヶ浦に多くの人々が漂着し、その国の文化や技術がもたらされて来たのである。また太平洋の海路を通じ、大和国や伊勢との交流も盛んであり、霞ヶ浦の水軍は沖縄や鹿児島まで出向いていったと言われる。当時は海路こそが最も有効な交通手段であったのだ。日本で二番目に大きい湖だと信じていた霞ヶ浦が、太平洋の玄関口であり、江戸湾と一体となった内海であったことは常陸国の歴史を見る目を一変させた。そのような時に、この悠久の歴史に誘う二つの出逢いがあった。

ひとつは、五八七年聖徳太子の父君・用明天皇の頃、中国・梁の国から筑波山麓に到来した法輪独守居士が雨引観音楽法寺を開基した所縁を知ったことである。

中国・唐代の高僧で日本律宗の開祖とされ、奈良・唐招提寺を建立した鑑真和上が、七五三年に唐から鹿児島に渡来した一六六年も前のことである。

それまでの私の知識では、雨引山楽法寺は古より推古天皇、聖武天皇、光明皇后、嵯峨天皇など天皇家と所縁のある関東有数の「安産祈願」の古刹との認識であったが、今から一四三三年も前に一人の中国僧が筑波山麓の地に延命観世音菩薩をまつる寺を建立し、しかもその僧侶はその後日本に帰化し、その墓所が楽法寺の境内に現存することに衝撃を受けた。

境内の楽法寺略縁起の石碑によると、法輪独守居士は梁の人とある。梁は中国の南北朝時代の南朝の国の一つで武帝が立てた王朝である。長江デルタ地帯の浙江省、江蘇省にまたがる江南辺りに所在していた。

浙江省は温州市や瑞安《るいあん》市をたびたび訪れていたことから身近に感じ、調べてみると浙江省の北東部には仏教の三大聖地の天台山があり、最澄や空海はじめ多くの遣唐留学僧が、そこで仏教を学び巡礼し、日本に帰国して仏教を広めてきたことが分かった。中国南北朝時代の梁の国と常陸国の古刹の歴史が、時空を超えて一気に輝きを増してその姿を垣間見せたのである。

さらにその後、中国・上海南端の松江区にある方塔園の明朱舜水記念堂を訪ねた時に、広い禅式庭園の中の記念堂に、徳川光圀の座像や『大日本史』全巻、西山荘の朱舜水の記念碑などの写真が掲示されていることに驚いた。その隣に中華民国の政治家で北京大学教授の李大釗と、ジャーナリストで清華大学教授の梁啓超による明朱舜水記念堂開設の趣意書が掲げられており、「朱舜水先生と徳川光圀公は、日本が最も安定した徳川時代を築いた中日交流の礎である」と紹介されていたのだ。

李大釗は中国共産党の創設時の主要メンバーで初期の毛沢東に影響を与えたとされ、梁啓超は中国で最初にマルクス主義の学説を宣伝した人物である。この梁啓超を米国のジャーナリストのエドガー・スノーは「中国精神の父」、日本の伊藤博文は「中国の尊い魂」と評している。李大釗は早稲田大学政治学科に学び、梁啓超は日本の亡命時代に、早稲田大学で孫文と会談しており、また代表作の「自由論」には福沢諭吉や徳富蘇峰の影響があるとされている。

光圀公のことも朱舜水のことも、歴史上のこととして知識は有していたが、「最も平和な時代を築いた中日交流の礎」との光圀公と朱舜水の果たした歴史的偉業を中国で教えられたのである。その瞬間、不思議な感覚に襲われ、子供の頃戯れていた水戸の弘道館の梅林の雪景色が心象風景としてよみがえり、今更ながら身近な水戸の歴史の偉大さを上海の明朱舜水記念堂が覚醒させてくれたのである。明朱舜水記念堂の庭園の梅林も弘道館の梅林同様、清澄な空気に凛として紅梅が咲いていたのが鮮烈であった。

聞けば、朱舜水の故郷は上海市松江区の近くの浙江省の余姚だという。また光圀に招かれ水戸の祇園寺を開山した日本篆刻の祖とされる心越禅師の出身地も浙江省の金華市浦江県だという。その近くに仏教の聖地・天台山があり、法輪独守居士と朱舜水、そして心越禅師が日中交流の懸け橋の先達として常陸国に所縁の人々であることを知ったのである。

それまでも二〇一二年から六年ほどの間に、北は大連、瀋陽（奉天）から青島、済南、北京、上海、蘇州、温州、張家界、香港、珠海、海南島さらに香港、マカオなど中国の主要都市をたびたび訪れて日中の文化交流の歴史を身近に感じていただけに、雨引山楽法寺の法輪独守居士、さらに方塔園での光圀、朱舜水との出会いは、歴史の旅先で見つけた歴史の欠片が詰まった「宝石箱」のように感じられたのである。

それ以来、故郷の茨城県を見る目が変わった。常陸国における日中交流の歴史は古く、孔子や孫子、孟子をはじめ中国から儒教や仏教など多くのことを学び、論語などが日本社会に自然に定着し、人生の身近な教養であり生きる知恵として人々に浸透してきたのである。

常陸国では、朱舜水の教えが光圀と斉昭によって「水戸学の精神」として結実し、江戸時代を通じ日本人の精神を研磨し、幕末の起爆剤となり、明治維新により近代日本を切り拓いてきたことを改めて直視することとなった。

それまで断片的に知り得ていた常陸国の歴史を探索し、それらの言い伝えの歴史の欠片を有機的に組み合わせていくと、『常陸国風土記』という古代浪漫の記録から、時空を超えて常陸国の歴史がぽっかりと姿を現してきたのである。

その常陸国の歴史が常陸国の人々にどのような影響を与え精神風土を培ってきたのか、わが身を振り返っても、どうやら育った地域の人々の生活や、風景、言い伝えなどが微妙に影響していることを自覚するに至った。

そのような観点で、明治維新以降、日本の政治で大きな役割を果たした政治家にスポットライトを当て、常陸国に育まれた政治家の姿を浮き彫りにしてみることにした。土着の風土あるいは政治的風土がいかに一人一人の政治家の精神を形成しているか、歴史と景観、風土から解き明かしてみたのである。

基本的には、幕末から近代茨城に変貌するときの「近代茨城の父」と言われた飯村丈三郎翁こそが、近代茨城の政治の源流であり、それ以降に時代の節目、節目で日本政府の官房長官、自民党幹事長として政権の番頭役を担い、明治、大正、昭和と歴史の転換期の日本の政治の舞台回しをしてきた政治家の人物像に迫ってみた。

これらの政治家に影響を与え精神を培ったものが、常陸国の風土と歴史であり、水戸の政治家を貫く「気骨」や「矜持」が水戸の精神であること確信したのである。政治学に、景観・風景や風土、歴史が政治家の精神風土を培うとする説があるが、それらの精神は昨日今日に出来上がるものではなく、悠久の歴史の中で精神の遺伝子のように人々の精神に生息し、幾世代もの先祖を通じ有形無形に影響を与え、時代とともに変異を繰り返しながら一人一人の政治家に結実して現れてくると思われる。

司馬遼太郎は、これを「土着の倫理」と呼び、「政治家の性格・人格は、その人物を生んだ風土や環境に色濃く染まり、生涯を通じてその精神的土壌が培われる」としている。和辻哲郎もまた「人間は風土を離れて存在し得ない。風土が人間を作る」と考えていた。政治家の少年期の心象風景こそ、ぎりぎりの極限状況で垣間見せるその政治家の原風景であるに違いない。

常陸国の政治風土は、平将門、桜田門、天狗党、あるいは五・一五事件、二・二六事件などにより反逆の系譜と見られがちであり、そのことをして「水戸人」として独特の見方をされることも歴史上少なくない。しかし、平将門、桜田門、天狗党と歴史の怒濤に荒ぶれた「乱」ではあるが、「反逆」ではなく「反骨」であったのである。水戸の政治風土は「反骨の系譜」であることは間違いない。

それが故に、歴史上、「水戸の精神」が繰り返し語られ続けているのではないか。水戸人の強靭な正義心による激情的な行動が、時代に先駆け、時代を突き動かしてきたことは誰しも否定できない。そのような水戸人の精神のルーツを探し、それらの水戸の精神が生んだ「気骨」の政治家の姿を浮き彫りにできれば、歴史に学び歴史に挑戦する試みともなる。

もちろん、常陸国を舞台に身近な歴史の旅に出てみたが、風土記は日本中にあり、出雲や九州、近畿など日本の各地でそれぞれの風土の歴史の中から人々が歴史を刻んできたのであり、日本各地に同様の古代浪漫の物語は存在しているはずである。その集積こそ日本国の国家の原動力であることも間違いない。

また、常陸国を舞台にした物語であるが、二千年余の常陸国の歴史は雄大であり、すべての伝承や言い伝え、伝説を拾い上げることは出来なかった。特に県北地域の歴史は更に探求しなければならないと痛感している。この『反骨の系譜――常陸国政治風土記物語』は飽くまでも大胆な仮説に基づく物語である。思うがまま自由に書き綴っている個人の創作でもあるので、歴史的検証は歴史の専門家や研究者に委ねるべきと思う。ただし、出来得る限り舞台となった現地を訪ね、関係者から言い伝えを聞き、そのような証言を拾い集めたことも事実である。

現在の日本は先の大戦の敗戦により、それまで脈々と受け継がれてきた悠久の郷土の歴史が断絶してしまったと感じられるのは思い過ごしだろうか。さらに戦後の高度成長期以降、東京一極集中が過度に進み、故郷の歴史がないがしろにされてきた面も一部存在するともいえる。旅行で京都や奈良、日光など古都を旅することはあるが、それらは飽くまでも観光であり、歴史を観光のメニューにしているに過ぎない。土着の歴史とは趣を異にする世界のことである。

とりわけ戦後生まれの団塊世代から以降はその傾向が強い。日本国の歴史は二千年余の悠久の歴史であり、その歴史の果てに現在があるのであるから、過去の歴史探訪で自らのルーツを探し、故郷の原風景と向き合うことで、人生の歩みの意味もより鮮明に見つめることになると思う。

特に敗戦で断絶したと感じられる我が国の歴史を二千年の流れに再生し修復することが、これからの日本の進むべき国家像も、国際社会で果たすべき役割も明確になるに違いない。

政治の貧困が言われて久しいが、政治家は優れた国家観と国家像を持たなければならない。そして常陸国の筑波山麓にたなびく白煙を見て、民の生活に思いをはせる、そのような慈愛の精神の上に「気骨」と「矜持」という鎧をまとった本物の政治家の出現こそ、今の日本の課題であり期待である。

# 第一章　万葉浪漫常陸国《ひたちのくに》風土記への旅

## 1　古代常陸国へ誘う「伝承」の魔力

『常陸国風土記』の世界から水戸徳川の時代を経て、今日まで伝わる茨城県の精神風土の源流は、遣隋使、遣唐使の時代、あるいはそれ以前の縄文、弥生時代にはじまり今日まで続く中国との交流の歴史にあるのかもしれない。

そして『常陸国風土記』に「常世の国」（桃源郷）と記されたこの地は、肥沃で平坦な土地と海の幸、山の幸に恵まれたおおらかな風土であり、穏やかな双峯の筑波山と霞ヶ浦の自然のもと人々が集い、温和な精神風土が育まれてきたと言える。

奈良時代には日本の全人口は約五五〇万人であったが、常陸国には約二二万人が住んでおり、奈良時代の国力区分四等級の「大国」「上国」「中国」「下国」の内、常陸国は「大国」と『常陸国風土記』に記されている。このことからも当時の常陸国の豊かさを知ることが出来る。一〇世紀ころの等級分類では、大国は、大和国、河内国、伊勢国、武蔵国、上総国、下総国、常陸国、近江国、上野国、陸奥国、越前国、播磨国、肥後国の十三か国である。このうち、常陸国、上総国、上野国は親王任国であり天皇の皇子が任じられた大国である。

なお、この常陸国には既に古墳時代にも大型木造船で、中国の長江から九州や出雲だけではなく太平洋に出て黒潮に乗り、東国の内海・香取の海（霞ヶ浦）にたどり着いた渡来人（中国人）も多くいたと思われる。これらの人々によって奈良、京都以外にも中国文化、仏教のみならず稲作、養蚕、製塩、製鉄など様々な技術が伝えられた形跡がある。

筑波山麓の八郷辺りと思われる地区には中国人が帰化したとされる言い伝えがある。それらの子孫が長い時間をかけて〝日本人〟となり黎明期の日本の歴史を切り開く大きな役割を担ったことは容易に想像がつく。

『常陸国風土記』は、奈良時代の初め、七一三（和銅六）年に出された風土記撰進の官命（詔命）により養老年間（七一七〜七二三年）にまとめられた一三〇〇年前の地誌である。和銅六年は、大安万呂が『古事記』を完成した翌年であり、『日本書紀』が編纂中の時代であった。

風土記は律令制度の報告文書であり、当時の中央政府にとっては地方行政徹底のための仕組みであったと思われる。和銅六年の元明天皇による勅命の内容は、「郡・郷の名は今後、好い字で表記するようにせよ。それぞれの国の各郡内で産する有用な鉱物や動植物、また土地が肥えているか否か、山川原野の名の由来、古老の伝える話などを全て採取し、書物として進上せよ」というものであった。

またこの時代の日本は中国の隋・唐の影響を受けて、大化改新（六四五年）や大宝律令（七〇一年）の制定などにより中央集権律令国家の確立が進んでいた時代である。勅命を出した元明天皇は第四一代持統天皇の異母妹であり、大化の改新以来の律令国家としての中央集権の確立を目指し、七一〇（和銅三）年に唐の長安の構造様式に倣う都市として平城京遷都を成し遂げるなど大事業を手掛けており、風土記の勅命もその一環と考えられる。藤原不比等を重用し、和同開珎を鋳造させ、『古事記』も献上させている。

この『常陸国風土記』は、常陸国の初代国司の藤原宇合と歌人・高橋虫麻呂によって編纂され、歴史書、地誌であるとともに卓越した文章力から文学書としての評価も高く、古代の常陸国の人々の生活様式、さらに都から派遣された国司や地方の豪族・庶民のなどの生活や考え方が新鮮に伝えられている。風土記は全国各地で編纂されたが、今日に残るのは常陸、播磨、肥前、豊後、出雲の五か国の風土記のみである。このうち完全な風土記は、『出雲風土記』のみとされている。

この『常陸国風土記』の編者であるとされる藤原宇合は藤原不比等の三男であり、遣唐使から戻った当時の知識人である。もう一人の編者である奈良時代の歌人・高橋虫麻呂は養老年間に常陸国に赴任した官吏であり、『万葉集』を代表する歌人の一人であった。

『常陸国風土記』は、中国の六朝時代（三～六世紀頃）に伝わった四六駢儷体《へんれいたい》の四字・六字の対句を用いた華麗な美文調でしたためられ、歴史書、地誌さらに文学書とも言われるが、宇合や虫麻呂の豊かな学識がいかんなく発揮された地誌であると言える。駢儷体とは、漢・魏の時代に起こり、南北朝時代に最盛期を迎え、我が国では奈良・平安時代の漢文に用いられたとされる文体のことである。

風土記の内容は文書の記録のない時代のことであるから、多くは「古老の曰くは」として、古老の語る言い伝え、伝聞、説話、伝承などが記録されている。資料文献がないから信用できないとの説があるが、歴史書の類は大方後世の人間により書かれており、個人の史観や政治的史観が入り、得てして史実から遊離することも否定できない。まれに意図的な史観に基づく場合もあるだろう。『日本書紀』ですら、後世になり一部に誇張があると言われている。それだけに悠久の歴史の中で長く語り継がれてきた伝聞・伝説にこそ、時に錯誤や思い込みが混入することがあっても、一つの真実が込められていることは誰しも否定できない。

二〇二〇（令和二）年八月、コロナ禍の夏に広島、長崎の原爆投下から七四年となる被爆七五周年式典が開催された。広島は「平和祈念式典」、長崎は「長崎原爆犠牲者慰霊平和祈念式典」と式典の名称は変わる。平和を祈る式典であるが、被爆者が年々減少し、被爆経験を今日につたえる証言者の言葉を聞く機会は少なくなってきている。

お気づきのことと思うが、人生八〇年超の時代には、原爆投下から七四年の時間はアッという間のことである。同時に八〇年近くの間に、日本人の脳裏から原爆を投下されたという被害意識が希薄になり、「原爆投下は戦争を終わらせるため」とする米国の原爆投下の動機が正当化され、平和を願う式典が少しずつ変容してきていると危惧せざるを得ない。そのような時にこそ、被爆者の悲惨な原体験が語り継がれることで歴史の真実が伝承されていくはずである。

しかし、二〇二〇年、原爆投下から七五年の夏は新事実が伝えられだした。原爆投下にまつわる歴史を専門とする歴史学者のガー・アルペロビッツとマーティン・シャーウインが、「日本が降伏することを知りながら、落とす必要のない原爆を我々は落とした」とする衝撃的な論文を米紙「ロサンゼルス・タイムズ」に寄稿したのである。

ワシントンDCにある「アメリカ海軍博物館」に展示された説明文には、「広島、長崎への原爆投下による甚大な被害と一三万五〇〇〇人の犠牲は、日本軍にほとんど影響を与えなかった。しかし、ソ連による満州侵攻が彼らの考えを変えた」と書かれており、原爆投下を肯定的にとらえる米国の世論は、「社会通念がいかに歴史的証拠を圧倒するか」を示す事例だと語っている。

物言わぬ物証としての「原爆ドーム」や「広島平和記念資料館」「長崎原爆資料館」の展示も大きな歴史の証言者ではあるが、日本人が人間の言葉で語る原爆の凄惨な被爆体験の生の証言こそ、最もインパクトのある「平和への叫び」であるだろう。

そのような観点からも、『常陸国風土記』の「古老曰く」の伝承こそ時代と空間を超えて、一五〇〇年後の我々に古代の常陸国の姿を伝えてくれていると確信せざるを得ない。

## 2　常陸国の浪漫あふれる筑波山と香取の海

当時の霞ヶ浦は鬼怒川や利根川が注ぎこむ香取の海と言われ、太平洋に面し、東京湾までつながる穏やかな内海であり、その海岸線は筑波山麓まで迫っていたことは、古墳群や貝塚からも明らかであり、山の幸と海の幸に恵まれた古代の人々がのどかに暮していたと思われる。

その後、富士山と磐梯山の数度の大噴火で火山灰が降り積もり、流域から流れ込んだ火山灰で海底が四〇ｍも高くなったため今日の湖沼の霞ヶ浦の形になったと言われる。

富士山の三大噴火は、延暦の噴火（八〇〇～八〇二年）、貞観大噴火（八六四～八六六年）、宝永大噴火（一七〇七年）であり、磐梯山噴火は、一八八八年の噴火が明治維新以降の日本で発生した最初の大規模災害であるが、磐梯山は三〇万年以前より噴火を繰り返していたと言われている。

霞ヶ浦から磐梯山までは約一七〇キロ、富士山までは約一六〇キロであり、大噴火で鬼怒川や利根川など流域の河川から流れ込む火山灰と土砂流が堆積し、霞ヶ浦の海底が浅くなり今の湖に変じたことは十分に想定がつく。

古代万葉浪漫《ろうまん》の時代、標高わずか八七六メートルの筑波山は、広い関東平野に忽然とそびえていた。高すぎず低すぎず、山頂に男体女体の二つの峰をいただく霊峰であり、人々の癒しとなる気品のある美しい山であった。『万葉集』では富士山よりも多くの歌が詠まれ、人々に親しまれる山であった。「富嶽三十六景」などに隠れてあまり知られていないが、江戸時代には葛飾北斎もまた江戸から遥か遠くに望む筑波山を借景にした多くの浮世絵を描いているほどだ。

また筑波山麓周辺には様々な言い伝えがある。何らの記録も存在しないため信用できないとする歴史家の主張があるが、千数百年にわたる人々の言い伝えが生き延びてきたことは事実であり、後世に記録された歴史書が全て歴史の事実であるとの確証もないのであるから、言い伝えに真実を求めることもまた歴史の記録の一つに他ならないであろう。

常陽芸文「特集『常陸国風土記』」を監修された茨城キリスト教大学の志田諄一教授は「人の一生に関する限り未来は有限で、過去こそ無限だと私は考えている」と述べられているが、全く同感である。「古老曰く」の伝聞こそ、万葉の時代に生きた人々の素朴な思いが語られているに違いない。

## 3　笠間の稲田郷から見える歴史の欠片《かけら》

私の先祖は少なくとも数百年前からの茨城県笠間市の旧家である。笠間の曹洞宗の古刹・国見山鳳台院が一一一三～一一一八（永久）年間に創建されており、言い伝えでは創建時に資金を出した郷士七軒の一つが当家の祖先であり、そのことから本家の戒名は今日なお、「○○○院殿○○大居士」とあると聞かされている。寺の建立に重要な役割を担っていたと思われる。その後、鳳台院は何度かの火災に遭ったため寺社の記録が残っていないのが残念である。

しかし私の祖父の叔母が、一人は笠間来栖の古刹・岩谷寺、もう一人は笠間の隣の城里町の小松寺に嫁いでおり、この辺りの旧家ではあったのだろう。岩谷寺も小松寺も桓武平氏の流れをくんでいる。

岩谷寺は弘法大師空海の弟子・秀悦が八〇九（大同四）年に第五一代の平城天皇の勅願寺として開建した古刹である。平城天皇は在位八〇六年～八〇九年で先代は父親の桓武天皇、次代の第五二代天皇は異母弟の嵯峨天皇とある。桓武天皇の第一皇子が平城天皇、第二皇子が嵯峨天皇であり、一時期は上皇と天皇の立場にあった。平城天皇は皇太子の頃、后の母で夫ある藤原薬子を溺愛する醜聞を起こし、父の桓武天皇から薬子の追放を命じられたという。嵯峨天皇やその皇子の源融はじめ多数いる光源氏のモデルの一人だったのかもしれない。

私の祖父が存命の頃はたびたび訪れていたが、このほど五五年ぶりに訪れてみると、細い杉並木を進んだ先に、華美ではないが品格を讃えた和風庭園の境内の正面に本堂がある。山門右手に平城天皇勅願所の石碑が建つ。一面が鮮やかに苔むした庭の左手に国指定重要文化財の「木造・薬師如来坐像」（平安時代末期）と「木造・薬師如来立像」（鎌倉時代建長五年）の二体を安置する収蔵庫がある。

城里町の小松寺は七四五（天平一七）年に行基が本堂を創建、平清盛の長男・小松大納言重盛の墓所として徳川光圀や斉昭の手厚い保護を受けてきた名刹である。水戸光圀に招かれた明の儒学者朱舜水が長崎で師弟の交わりをしていた江戸時代の柳川藩の儒学者・安東省庵は、重盛を楠木正成、万里小路藤房と共に日本の三大忠臣と讃えており、このことから光圀が重盛の墓所を大切にしたのだろうと思われる。本堂には唐から伝わり、重盛が高野山から守護仏として授けられた国指定重要文化財の「木造浮彫如意観音像」が保存されている。境内の光圀お手植えの枝垂れ桜は三〇〇年前に枯れたが、現在は孫の世代の見事な枝垂れ桜が春になると往時の光圀の「心」を伝えている。

笠間は益子焼のルーツと言われる笠間焼で有名な盆地の小都市である。笠間の稲田の領主・稲田九郎頼重の招きで、親鸞が草庵を構え、二〇年以上にわたり東国での布教活動をしている。草庵は現在、西念寺として親鸞布教時代の歴史をとどめている。かつて私の祖父の甥にあたる本家の古老から、「本戸という地名は、笠間時朝が佐白山に城郭を構える前の昔の本殿の跡地であり、「本殿」が変じて「本戸《もとど》」と言われてきている。本殿のあったところは現在は当家の所有地であるが、その本殿跡地からは今でも清水が湧き出ている」とか、「当家は藤原の流れをくむ」とか聞かされたのは、今から数年前、黄金色に染まった稲穂の絨毯を眺めながらの九〇歳を超えた晩年の古老との何げない会話からである。

確かに、大叔父に案内された雑木林の湿地帯の旧本殿跡地と示された土地では、何年も降り積もった落葉の中から花崗岩の岩盤を数十年かけてろ過された湧き水が静かにしみだしていた。木漏れ日にきらきら光る透明な水は神秘的ですらあった。

この一帯は江戸時代から稲田石の産地である。稲田石は六〇〇〇万年前に地下のマグマが固まって出来た花崗岩であり、その白御影石は「白い貴婦人」と言われ国会議事堂や最高裁判所、明治神宮、東京駅などで使用されている最高級石材である。

また大地から湧き出る良質な地下水は古くからこの地の稲作を育み、稲田の地名は恐らくそこからきているのだろう。笠間市本戸のある稲田には稲田神社があり、日本神話の櫛名田比売（クシナダヒメ）を単独で祀っている。クシナダヒメはスサノオと婚姻し、櫛に化身して、その櫛を髪に刺したスサノオがヤマタノオロチを退治するのである。稲田の地名は、このクシナダヒメに由来するとも言われる。

クシナダヒメを単独で祀るもう一つの神社は奥出雲町の出雲神社があるという。

本家は江戸時代から「郷大尽《ごうだいじん》」と言われ、名字帯刀を許された旧家の郷士の家であるから、歴史的には、地政学上からもはるか遠い先祖は藤原と何らかのつながりはあったのであろうと思われる。「郷大尽」とは郷《ムラ》一番の富豪という意味である。

この本家の古老は二・二六事件で反乱軍制圧ため近衛連隊に召集された元近衛兵であったが、これは地方の旧家の跡継ぎであったため召集されたと聞いている。確かに近衛兵は、天皇直属の兵士であり、地方の地主階級の家柄のしっかりした家系から甲種合格の者だけが選抜されたというから、当時、本家はそれなりの旧家であったのだろう。

「本殿」の話は、古老から聞いた時には聞き流してそれきり忘れていたが、常陸国の歴史に関心を抱くにつれ少しの誇張があるにしても、記録はないが、先祖から語り継がれてきたこのような古老の記憶と言葉こそ、一〇〇〇年以上にわたる時代を超えて伝えられてきたのかもしれないと思うようになった。

興味を持って調べてみると、笠間氏は藤原北家宇都宮流の北関東の豪族であった。笠間時朝

（一二〇四〜一二六五）は清和源氏流の塩屋氏の養子になった塩屋朝業の次男であり、その後、時朝自身は宇都宮氏の養子となり、常陸国笠間に入り笠間氏を名乗った鎌倉時代の武将である。塩屋朝業の母は、平清盛の叔父にあたる伊勢平氏の武将・平忠正の娘であり、笠間時朝には父方の清和源氏と母方の伊勢平氏の血が流れていたことになる。笠間時朝の弟は、二〇年近く笠間稲田郷に草庵を構え東国で布教活動を行った親鸞聖人に弟子入りして仏教を保護している。

笠間時朝自身も京都正院三十三間堂に千手観音二体を寄進するなど仏教における文化的功績大きく、笠間藩一八代の基礎を作った武将である。確か私の記憶では、今から四〇年ほど前に私が京都上京区東桜町に住んでいたころ訪れた下鴨神社か上賀茂神社の参道にも笠間時朝寄進の石灯籠が数基並んでいて不思議に思った記憶がある。

時朝から三二五年後の一五九〇（天正一八）年豊臣秀吉の北条氏征伐の時に、時朝の末裔・笠間綱家は北条氏に近かったことから本家の宇都宮国綱の命に反し小田原に参陣しなかった。そのため、後に命に背いたとして国綱に攻められ滅亡したとある。しかし笠間氏に代わり稲田氏が参陣しており、そのお陰で稲田郷に属する本戸の郷士は何とか難を逃れたのではないかと思われる。

いずれにせよ、記録のない歴史は、このように言い伝えや伝承でしか確認しようがないが、私の経験則からも断片的な言い伝えに歴史の深層が織り込まれていることは容易に想像がつくことである。古老の記憶の片隅にある歴史の「かけら」は、古代遺跡から発掘された縄文土器の「かけら」のようなもので、想像力を発揮すれば自ずと歴史の浪漫が姿を見せてくれるような気がする。

したがって、この『常陸国政治風土記物語』は、水戸徳川以後の歴史は記録によって検証できるが、『常陸国風土記』とそれ以前の物語は、風土記の記録をもとに出来る限り伝聞の地元を訪ね、その地の関係者から直接話を伺ってまとめるよう心がけた。

また、地元では点在しバラバラに伝えられてきた言い伝えを一種想像力で関連づけ、点と点を紡ぐようにして線から面へ織り上げ、時空を超えて想像の世界の「古代万葉の時代」に踏み込んだことも事実である。独善ではあるが、歴史の仮説に挑戦し創造してみたのである。

歴史家や研究家から見れば「飛躍した物語」に過ぎないととられるかもしれないが、過去の歴史は無限であり、その無限の「常陸国政治風土ワールド」を楽しんで頂ければ幸いである。そして、そこで伝えられた文化や風習、技術などが、その地に生まれ、その地で育った人々の精神を形成し、意識しようとしまいと故郷の「原風景」として人生に大きな影響を与えてきたことも事実である。そこで育った戦後の政治家の志、気概、胆力、人としての矜持の源流に少しでも近づくことが出来れば試みは成功である。

現在の我々に身近な存在としては、副将軍として威光を放った徳川御三家水戸藩の徳川光圀、幕末の志士に大きな影響を与えた徳川斉昭、藤田東湖、最後の将軍一橋慶喜などが、今なお伝わる茨城県の歴史上の人物である。さらには旧くは平将門、剣豪塚原卜伝、親鸞などが加わることになるが、『常陸国風土記』以前にも、渡来人、帰化人という概念が確定する古代の時代に中国から来た僧侶、学者などによる大きな足跡がこの常陸国に刻まれてきたことも見逃せない。

## 4　中国・長江からの旅人——法輪僧正

それでは最初に、この「常陸国政治風土記」の歴史の扉をこじ開ける機会を作ってくれた中国南北朝時代の梁の国から来た一人の僧侶の物語に迫ってみたい。五八七年に筑波山麓の北側、加波山に連なる雨引山に楽法寺という山寺を開基し、日本に帰化した法輪独守居士のことである。「法輪」とは「仏の教化が衆生の悪をくだき展転して他に伝わるのを車輪にたとえて言う語」の意味であり、仏の教えである。

この梁の国から来た僧侶が、なぜ法輪独守居士と称し、今日まで伝わっているのか、また何者なのかは謎である。しかし雨引山《あまびきさん》楽法寺の言い伝えからは、帰化し日本人になり、墓所は一四〇〇年以上も前から現在も楽法寺境内にある。昔は現在の場所から山を少し下ったところにあったが、その後、現在の場所に移されたという。

筑波山は日本武尊も登場する神話の山である。『筑波山神社神窟講中祝詞』によれば、筑波山には男体山と女体山があるが、イザナギとイザナミがこの筑波山で交歓して、その子天照大神が誕生したとある。筑波山の西方、今の筑西市を流れる小貝川からみる筑波山は稜線の美しい素晴らしい姿の山である。とりわけ朝靄をついて昇る太陽を背にした朝焼けの筑波山は神々しい気品に溢れた名山である。小貝川の河原に咲き乱れるポピーの向こうに朝靄がたなびき、さらにその先に筑波山の双峰の稜線は幻想的な美しさを讃えており、古代の人々がどのような気持ちで仰ぎ見たのか、その荘厳さは自然が神であることを知らせてくれていたに違いない。

今から一五〇〇年前には、霞ヶ浦は香取の海とされた太平洋に面した内海であり筑波山麓まで眼下に海が迫っていたと言われる。古代、『万葉集』で筑波山は数多く詠まれており、関東平野に悠然と立つ筑波山は人々に浪漫と信仰を与えたに違いない。

京から来た検税使の大伴卿が高橋虫麻呂とともに筑波に遊び、丹塗りの官船に乗って海路を去っていく歌が詠まれているが、常陸国から京までは、海路で往路三〇日、復路一五日であったと言われる。常陸国と都の奈良を結ぶ東海道は六四六（大化二）年の詔により創設されたとあるが成立年代は不明である。むしろ当時は都との交通の要路は海路であったのだろう。その内海・霞ヶ浦の入り江を守っていたのが、鹿島神宮と香取神宮であり、この二つの神宮が陸奥への見張

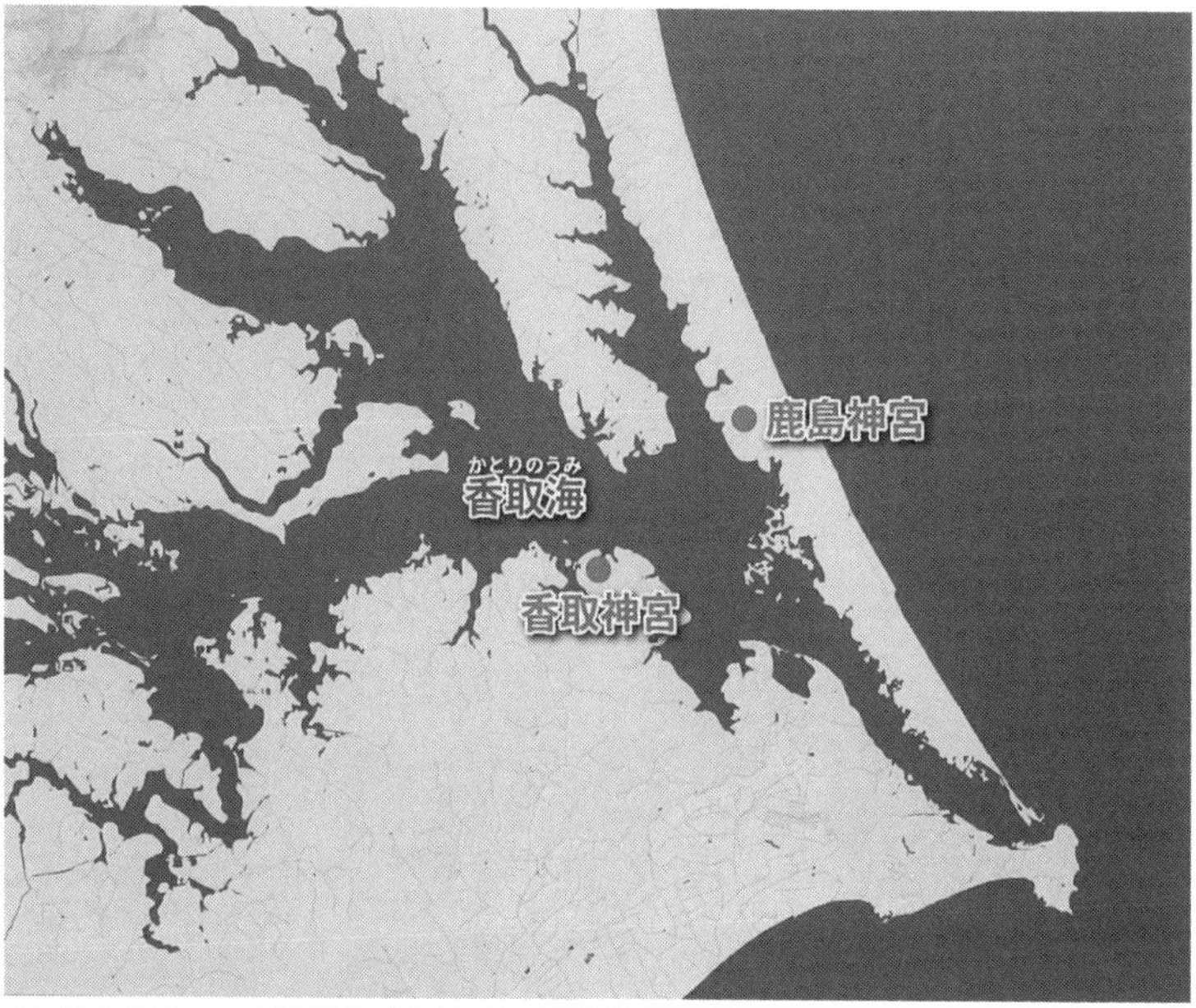

『古代の水域――香取海』（推定図）、鹿島神宮提供。

り役も担っていたことは地政学的にもよくわかる。

考えてみれば、霞ヶ浦が琵琶湖に次いで日本で二番目に大きい湖と言われ、永い間、湖と信じていたが、〝浦〟がつくのだからやはり海なのだろう。霞ヶ浦と北浦沿岸には古代からの貝塚の遺跡が数多く残る。この霞ヶ浦の今は、葦の群生する恋瀬川の河口あたりのきらきら光る湖面から仰ぎ見る筑波山の稜線は穏やかな佇まいで美しい。一瞬にして万葉の世界に引き込まれるようである。

さて七五三（天平勝宝五）年に鑑真和尚が日本に仏教を伝えたとされる

一四五年も前の五八七（用明天皇二）年に一人の中国人僧侶がこの美しい筑波山を目指していた。たぶん海路で霞ヶ浦に入り、筑波山麓にたどり着いたと見るべきだろう。あるいは途中で難破して、小さな舟に乗り換えたか、霞ヶ浦海岸線を歩いて北上したのか、いずれかだろう。中国の南朝時代の梁の国を去り、長江沿いに東シナ海に出て黒潮に乗り、一体どれぐらいの旅路だったのだろう。

六世紀のこの頃には、中国南朝の梁の初代皇帝武帝の主導で仏教信仰が交流を極め、東アジアでは仏教に関する理解が知識人、文化人にとり当然身に着けるべき教養であり、梁国との交渉には不可欠の要素であった。仏教先進国の梁国は東アジア諸国の憧れの先進国であったのである。

梁の国の初代皇帝武帝の仏教信仰は、聖徳太子の父・用明天皇にも大きな影響を与え、聖徳太子の憲法十七カ条の「篤く三宝を敬え」や聖武天皇が自身を「三宝の奴」と称したことにも及んでいる。

当時の梁国には七百以上の仏教寺院が存在しており、武帝は後の禅宗の開祖となる達磨をインドから建康（南京）に迎え入れ、二人で問答をしたとも伝えられる仏教信仰の厚い皇帝であった。治世五十年に及んだ南朝・梁国の武帝は、五四九年、北朝・東魏の元将軍侯景の反乱に会い滅ぼされ、その後存続した南梁も五八七年に隋の文帝により廃され、六二一年には唐により完全に滅亡している。

## 5　梁の国から来た延命観世音菩薩像

ここからは時空を超えた想像の世界であるが、一つの仮説に挑戦することにする。キーワードは長江流域の浙江省・江蘇省・上海である。梁国の武帝が悲惨な最期を遂げてから三九年後、梁の残党により再興された南梁が隋の文帝に廃された五八七（用明天皇二）年に、くしくも日本にたどり着き雨引山《あまびきさん》楽法寺を開基した法輪独守居士の物語「万葉浪漫『常陸国風土記』の旅」に出てみることにする。法輪さんが霞ヶ浦にたどり着いた時の光景を描く私の未完の創作の冒頭部分である。

僧侶法輪は目が覚めた。烈しい嵐の荒海や灼熱の太陽にさらされ、疲労困憊していた。ともかく永い月日がたったことは間違いない。随に攻められ荒れ果てた梁の国を出て、仲間と共に湖南から長江を下り、大海に出て東に向かい、目が覚めたら美しい双頭の山の稜線が神々しくその僧侶を迎えてくれた。仲間の姿は見えない。大海から内海に入ったところで浅瀬に乗り上げ船が難破したのだ。

なぜこの地にたどり着いたのか。あるいは当初の目標は因幡の鷲峯山であったのかもしれない。それが太平洋の黒潮で一気に東国まで流されたのかもしれない。もっとも因幡の鷲峯山も筑波山に似た双頭の山であり標高も九二一メートルと八七七メートルと同じくらいであることから、中国の梁国から来た僧侶にとり、梁国を出るときに聞いていたそびえ立つ双頭の山のその姿に違和感はなかった。また東国には桃源郷といわれる常世の国があるとも聞いていた。幸か不幸か、その常世の国に流れ着いたのかもしれない。僧侶は期待に胸を膨らませ天を仰いだ。

「美しい」。光る海面のはるか向こうに静かに日の沈む、息をのむような双峰の山に容姿に見とれ、安堵した。そして大きく息をして、新しい世界の息吹を感じ取った。戦禍に見舞われ荒廃とした故郷を離れ、別世界に着いた喜びと不安が交錯する中、静寂とした心境で立ち上がり、大地を踏んだ。ここは神々の宿る国だ。僧侶は独特の嗅覚でこの地が神の棲む世界であることを確信した。秋の気配に空気は冷気となり、心地良い風が頬を掠めていく。背中には梁の国から大切に運んできた等身大の仏像を担いでいた。木彫の観世音菩薩像である。木造船が難破して海に放り出されたときに、必死にしがみついたこの木彫の菩薩像がこの僧侶を助けたのである。梁国の初代皇帝武帝の遺志を継ぎ、かつて秦始皇帝が徐福に命じたとされる〝不死の秘薬〟を探し求め、倭国の永遠の命を授ける「延命水」を求めていたのである。あわせて皇帝武帝様から倭国での仏教の布教を託された延命観世音菩薩像を背にしていたのである。

美しい夕日に映え、色づき始めた初秋の山の端を仰ぎ見るように足を速めた。

すっかり陽が落ちて暗闇に覆われた道なき道を歩き始めた。山中にかすかに火の燃える明かりが見えるが、その赤い火は近づいたり離れたり、時には暗闇に消え、とばりの落ちた道なき山道ではたどり着けない。水の流れる音に吸い寄せられて川沿いの岩だらけの険しい道を少しずつ歩を進めた。

突然、川面に月が浮き出た。雲が切れ、蒼白い月が舌舐めずりする大蛇の舌のように山腹を駆け上がった。まるで新雪に覆われたような光景が広がった。既に双峰の筑波山を過ぎ、さらに北上していた。そこで月明かりのなかに故郷の梁の国の山水画のような山肌が広がったのだ。ここで休もう。僧侶は安堵し、再び静かな深い眠りについた。霧に包まれた今の雨引山の山中であった。

頬を伝わる冷たい水で目が覚めると、抱いていた菩薩像の袖の部分から水が滴り、その水が落ちた地面から清水が湧き出ていた。梁の国の初代武帝から言い伝えで託されていた「延命水」に違いないと確信した。ついに「延命水」を探し当てたのだ。法輪は深く息をして、湧水の上に、梁の国から抱いてきた観世音菩薩像を静かに置いた。

ここで閑話休題。法輪独守が到来した際の光景を想像してみたが、法輪独守居士がどのような人物で、なぜこの地に到来したのか、どのようなルートで来たのか全く分からない。『史記』によれば、秦の始皇帝に派遣された徐福伝説の一行は、浙江省の寧波から出航したとも言われている。

長江辺りから日本に向かった法輪一行は、大海に出て一気に黒潮に乗り、香取の海に就いたのではないか。そして恐らく香取の海の西浦右岸の浮島あたりから北上したのか、あるいは出島の突端の姉崎あたりか、鹿島の軽野から上陸してから北上し八郷《やさと》郷を抜けたのか、様々の想像が可能である。当初は、法輪一人だけの旅ではなかったろう。当然、明の後の隋に攻め滅ぼされた梁国の仲間と一緒に当時の梁の都・建康（今の南京）を出立したのかもしれない。しかし、一四三〇年以上も前の五八七（用明天皇二）年に楽法寺を開基した法輪独守居士が帰化し、今日なお雨引山楽法寺の境内隣に法輪の墓所が現存しており、法輪が携えてきた木彫りの「御本尊延明観世音菩薩」が未だに大切に護られていることは事実である。

当時は、中国の江南地方、東南アジア地方はじめ様々な文化を乗せて海外から人々が太平洋の黒潮に乗ってこの霞ヶ浦にたどり着いたと想定される。法輪もこのルートで霞ヶ浦に入り、恋瀬川から北上、筑波山の東南あたりから筑波山系を徒歩で加波山、雨引山とたどり着いたのではないかと思われる。

言い伝えがある、当時の内海の霞ヶ浦の入り江近くの軽野で中国からの船が難破し、筑波山麓に相当数の中国人が帰化し集落を築いたとするものである。筑波山麓東南の石岡市小幡地区には中国人が拠所を構えたとされる天王台という高台がある。背後に切り立つ筑波山が迫り、東南側には眼前に内海の霞ヶ浦が広がる。中国の風水にかなった恵まれた地形の場所である。四季折々に太陽の陽光がさんさんと降り注ぎ、温暖な豊かな土地である。昭和初期に栽培され、太陽の恵みに上質な甘みを讃えたこの地の富有柿は、献上柿として古くから今日まで宮中に献上されてきている。

七世紀になると、六六六（天智五）年には亡命者を含む渡来人が東国に移され地域開発に従事するようになり、『日本書紀』『続日本紀』によれば、その後、六八四（天武一三）年、六八七（持統元）年から六九〇（持統四）年には、百済人・高句麗人・新羅人が武蔵・常陸・甲斐・下野の東国諸国に配置されたと言われる。

これは今に残る『日本書紀』『続日本紀』などの記録であるが、梁国からの亡命僧の法輪独守が常陸国の雨引山で帰化しているように、海路で常陸国に渡来した様々な中国人が常陸国内に住みついたことは明らかである。四、五世紀の大和朝廷は列島各地の連合政権であり、渡来人の帰属は地方の有力豪族に委ねられていたとされるから、東国の最有力勢力である「大国」の常陸国には技術を伝承する渡来人の多くが帰属したと思われる。

梁の国から渡来した法輪独守はこの地の中国人集落を目指していたのかもしれない。小幡地区から筑波山と加波山の間の山道をクルマで抜けると、わずか一〇分ほどで真壁町に到り、そこからは雨引山楽法寺や平国香、将門の館、さらに安倍晴明の生家とされる猫島の高松家も数キロ内に所在している。万葉の時代から中世までの浪漫の歴史が豊富に詰まっているゾーンである。

## 6　雨引山楽法寺に眠る古代浪漫物語

この豊かな風土の筑波連山の加波山の北側に標高四〇九メートルの雨引山がある。この雨引山の中腹には、今から一四三三年前、用明天皇の時代に中国南朝の梁国の僧・法輪独守により開基された雨引山楽法寺がある。『日本書紀』による仏教伝来の五五二（欽明天皇一三）年から三五年後、鑑真和尚が来日する一四五年も前のことである。蘇我馬子と聖徳太子が物部守屋を滅ぼした年のことでもある。

この楽法寺は四季折々に紅梅、河津桜、サトサクラ一葉、紫陽花、つつじ、牡丹、早春には新緑、さらに秋には曼珠沙華や紅葉の美しい寺である。樹齢千年を超える宿椎の木や藤棚に囲まれた静かな佇まいの清澄な雰囲気に覆われている。春先、桜の散った境内では、放し飼いの孔雀が悠然と羽根を伸ばし、山鶉模様の九片黄が戯れ、まるで中国の古い寺院の趣がある。随所に孟浩然の漢詩「春暁」の世界が彷彿とされ不思議な感動を与えてくれる寺院である。奈良大和の長谷寺を本山とする名刹である。

嵯峨天皇の八二一（弘仁一二）年夏、大干ばつで国中が苦しんでいるとき、嵯峨天皇が自ら書写した『法華経』を楽法寺に奉納したところ大雨に恵まれた。このため嵯峨天皇は、この寺を勅願寺に列し、それまでの「天彦山」を「雨引山」にしたと言われる。また雨引山楽法寺は、歴代天皇から崇敬され、推古天皇の病気平癒祈願、さらに光明皇后の安産祈願などで霊感あらたかであり勅願寺となっている。聖武天皇と光明皇后が特に厚く信仰した寺であり、光明皇后が書写した「紺紙金泥」の法華経と嵯峨天皇の写経した「御染筆」はいずれも寺の什宝として現在も楽法寺に大切に保存されている。

また徳川家康から第一四代将軍までの徳川幕府の将軍の位牌が東照宮祠堂に分祀されている。これは第十世宥円が徳川家康の命令で各宗派の学僧と対論、その法論に勝ち、家康から賞詞と朱印百五十石を賜ったことにいわれがあるとされる。ある時、関東平野の地図を見ていて不思議なことに気が付いた。鹿島神宮と雨引山楽法寺を直線で結んだ延長線上に日光東照宮があり、鹿島神宮、雨引山楽法寺、日光東照宮は見事な一直線上に並んでいるのだ。なぜなのか。単なる偶然

楽法寺仁王門にある金剛力士像

ではないだろうと思われる。

さらに本堂はじめ江戸時代に建立された優雅な観音堂や多宝塔、重層入母屋造りの仁王門、安土桃山時代に真壁城の大手門を移築した薬医門、江戸時代に再建された鐘楼堂などが雨引山の中腹の山寺として風格ある歴史を伝えている。毎年四月に行われる「マダラ（魔多羅）鬼神祭」は、楽法寺と京都の広隆寺だけで執り行われる日本の二大鬼祭とされ、白馬に乗ったマダラ鬼神が大石段を駆けのぼり、鬼たちが踊り、鬼神が破魔矢を放つ古式ゆかしい行事である。

楽法寺の仁王門には、鎌倉時代前期

の運慶派の仏師の作とされる立派な金剛力士立像が安置され、東京芸術大学の修復作業の際には、金剛力士立像の胎内から室町時代に納められた木札も確認されている。関東では最古の木彫りの金剛力士立像である。

本堂には開基した法輪が中国から東シナ海を渡り持ってきたと伝えられる木彫りの御本尊「延命観世音菩薩」（像高一七五㎝）がまつられ、その延命観世音菩薩像の袖から滴り落ちた水が泉となって湧き出たとされる場所からは、今なお水が湧き出ており、雨引山の延命長寿の「延命水」として近郊の人々の生活を潤してくれている。楽法寺の裏山の玉体杉の木立に囲まれた、夏なお涼しい深閑とした場所から静かにその延命水が湧き出ている。まるで古代ロマンの時代からタイムスリップして時空を超えて滾々と湧き出ている養生命水ようである。延命観世音菩薩は、二〇二一年には十年ぶりに公開され拝観できる。前回は二〇一一年に八十年ぶりに公開されたそうだ。木彫りの像であるが、本堂に差し込む光の具合で金色に輝き、神々しい気品のある菩薩像である。

楽法寺は古来、推古・聖武・嵯峨天皇の勅願寺であり、安産祈願をした光明皇后は藤原不比等の娘・光明子である。藤原不比等の三男で第八次遣唐使の遣唐副使を任じた藤原宇合《うまかい》が初代常陸国司であることからも、光明皇后が常陸国の雨引山楽法寺と深い所縁があり、さらに不比等の父・藤原鎌足（中臣鎌足）が常陸国鹿島の人であったことからも常陸国との縁が深かったと思われる。

中国の梁国の僧侶・法輪が開基した楽法寺のある雨引山は、別名「龍蓋山」と言われる。龍は雨と水をつかさどる龍神であり、この山には龍神が眠り、その上にかぶせてある蓋を取れば龍神が現れ雨を降らせると言われてきた。

この楽法寺からは、東南方向の加波山の先に筑波の霊峰がそびえ、西南の眼下には常陸国の平野が広がる気候温暖にして風光明媚な場所である。また花崗岩の固い地盤の中腹にあるため、水質に優れ水枯れもない湧水に恵まれている。雨上がりの朝、雨引山の山腹に龍神がたなびくように帯状の白い霧がゆったりと流れ、どことなく中国の山水画の趣の光景が繰り広げられる。このような条件こそが、梁の国から来た法輪独守がこの地を好んだ理由に違いない。

## 7　藤原鎌足はどこから来たのか

六四五年（大化元）年六月一二日、奈良・明日香村の飛鳥板蓋宮《いたぶきのみや》の皇極天皇の御前で、高句麗、百済、新羅の朝鮮三国からの貢物の献上の儀式が行われていたところ、そこに突然四人の刺客が踏み込み、時の権力者蘇我入鹿を惨殺した。この時の刺客は、剣を手にした中大兄皇子（のちの天智天皇）、佐伯子麻呂、葛城稚犬養網田、そして弓矢を持った中臣鎌足であった。この中臣鎌足こそ後の藤原鎌足である。

大化の改新である。鎌足は幼少より諸書に親しみ、特に中国古代の兵家権謀の書『大公六韜』を反復熟読、隋留学生の学僧・旻に、さらに儒学を唐留学生の南淵請安に学び、中国・隋唐の文物制度を学んだ当時の大秀才、進歩的文化人であるとともに武略術数にも長けた人物であった。

これ以前、五五二（欽明天皇一三）年の仏教伝来に伴い物部守屋氏と蘇我馬子氏との間で仏教礼拝の可否をめぐる論争が起き、五八五年には曽我馬子と聖徳太子が物部守屋氏を滅ぼし、推古天皇のもと三宝仏教の詔を出し、六〇三（推古天皇一一）年官位十二階、六〇四（推古天皇一二）年憲法十七条を制定している。六〇〇（推古天皇八）年には第一回遣隋使を派遣するなど大和朝廷の発展期を迎えていた。

しかし、六二二（推古天皇三〇）年厩戸王（聖徳太子）、六二六（推古天皇三四）年曽我馬子さらに六二八（推古天皇三六）年推古天皇が相次いで死去すると、蘇我馬子の子の蝦夷、孫の入鹿が権勢を誇るようになり、元々幼少期より入鹿とライバルであった中臣鎌足が入鹿に牛耳られている国政を憂い、六四五（大化元）年中大兄皇子らとともに入鹿を殺害、蝦夷を自害させ、蘇我氏を滅亡させたのである。

この大化の改新により中国の政治制度を基礎に地方の豪族勢力を統治し、日本の律令国家確立を図っていくのである。さらに鎌足の息子の不比等が大宝律令、養老律令を定め中央集権国家の礎を築いていくことになる。不比等は皇室との姻戚関係を深め、長女の宮子を文武天皇と婚姻させ、不比等の次女の光明子は、文武天皇の子の聖武天皇の皇后となり、宮子、光明子姉妹が義理の親子関係になっているのだ。

梅原猛は『海女と天皇』で、宮子は紀州の海女であり、不比等が見初めて養女にして文武天皇に嫁がしたとの説をとっている。

さらに不比等の息子、藤原四兄弟は当時の中央集権国家の頂点に立ち一大勢力を築いていく。その藤原一族繁栄の始祖となる中臣鎌足は、『大織冠伝《たいしょくかんでん》』によれば、亡くなる直前に天智天皇の使者・大海人皇子（のちの天武天皇）から飛鳥時代の最高位「大織冠」を授けられ内大臣に任じ、藤原の氏を賜ったとある。またこの藤原の姓は、大和国高市郡藤原の地名であり、大織冠伝の「藤原の第（屋敷の意）に生まれる」からきていると言われ、鎌足が大和国の出身とする根拠になっているが、一方で常陸国鹿島の生誕とする説も有力である。

明治初期にこの「大化の改新の図」を描いた日本最初の女流聖像画家がいた。一八五七（安政四）年笠間生れの山下りんである。この年は、徳川幕府が下田条約を調印した年であり、桜田門外の変の三年前のことである。一八七七（明治一〇）年に工部美術学校（現・東京芸術大学の前身）の第一回女子入学生六人の一人として入学したが、一八八〇（明治一三）年に工部美術学校を退

山下りん作『大化の改新の図』、白凛居（笠間市）提供。

学し、単身ロシアに留学、ギリシア正教に入信、サンクトペテルブルクの女子修道院に入り、ギリシア正教の伝統的な聖像画（イコン画）の模写を続けている。こうして我が国歴史上初のロシア留学の女性となったのである。

山下りんの甥にあたる小田秀夫氏の『山下りん――信仰と聖像画に捧げた生涯』（筑摩書房）に山下りんの旅の様子が詳しく記されている。

山下りんは、一八八〇（明治一三）年一二月一一日に横浜で一泊し、翌朝汽船に乗り込み、翌年の三月一〇日までの長い旅路にでた。横浜港を出港した汽船は、二〇日香港、さらにサイゴン、シンガポール、シンガポールを出てインド洋上で明治一四年の元旦を迎えている。一月三日にセイロン島東岸ツェーロン、翌日セイロン島西岸コロンボに寄港してさらに西に向かい、アダンから紅海を北上、スエズ運河を抜けてポートサイドからアレキサンドリアに。アレキサンドリアで汽船を乗り換え、トルコ西岸のスミーナル（現イズミル）からダルダネル海峡を通りトルコの首府コンスタンチノーブルに寄港、雪景色のボスポラス海峡から黒海に入り、流氷の荒涼とした景色の中を北上、一月三〇日に今のウクライナの最大の港湾都市オデッサに着いている。ここから列車でモルドバの首都キシゲーフ（現在のキシニョフ）に入り二三日間滞在。キシゲーフから車中一昼夜でイルサベタグラード（現エリザベトグラード）着、さらに車中二昼夜でモスコー、モスコーから一五時間で目指すペテルベルクに到着する八九日にも及ぶとんでもない長旅であったようだ。

しかも日本から帰国するアナトリーという神父夫妻の子守という立場のため、乗船した汽船にりんの部屋はなく、食事も上等客の残り物を厨房で食べるという劣悪な環境に置かれている。熱いインド洋上では甲板で寝たという。また当時のモスコーは見渡す限りの平原でありその広さに驚いている。この長旅を着の身着のままで、しかも未知の外国に挑んだ山下りんの強靭な精神には驚愕する。同時に明治の女性の我慢強さには圧倒される思いだ。

帰国は、一八八三（明治一六）年三月一七日にペテルブルク駅から国際列車に乗り、九日にべルリン、夜ケルンで列車を乗り換え一一日にパリ着、翌日マルセイユに着き、ここから船旅となり地中海を東進、ナポリからポートサイド、スエズ運河を抜け紅海に。ここからは往路の逆のルートで横浜港には三月二七日朝に寄港している。

ペテルブルクでは、留学先のサンクトペテルブルク復活女子大聖堂から八キロの道のりを馬車で毎日のようにエルミタージュ美術館に通い、西洋画にあこがれるようになり、勝気な性格からイコン画の模写だけの生活に強く反発した。このため二年後の明治一六年に帰国し、神田駿河台のニコライ堂にアトリエ兼住居を与えられイコン画製作にまい進する。ロシア人宣教師（のちの大主教）の聖ニコライが一八七二（明治五）年、日本ハリストス正教会を樹立、ニコライ堂はこのニコライの名にちなんでいる。りんのイコン画は、現在でも函館、札幌のハリスト正教会はじめ全国のギリシア正教に四〇〇点近く残されている。

日露戦争が起こるのは、山下りんが帰国してから二一年後の一九〇四（明治三七）年であった。山下りんはロシアからの帰国後、三五年間のニコライ堂でのイコン画製作をやめ、一九一八（大正七）年に故郷の笠間に帰り、一九三九（昭和一四）年八二歳で生涯を終えるまで一切絵を描くことも、ロシア時代のことやイコン画について語ることはなかった。しかし、彼女の死後残された柳行李の中から、イコン制作の下絵、修業時代の浮世絵の習作、美術学校時代のデッサン類と共に「大化の改新の図」も見つかったのである。B5サイズの鉛筆で書かれた絵画である。右から中大兄皇子、藤原鎌足、そして曽我入鹿とある。

山下りんが、なぜこの「大化の改新の図」を描いたのかは不明である。山下りんは笠間藩主牧野家の士族の娘であり、あるいは遠い祖先は藤原の流れであり、鹿島神宮が出自の藤原鎌足の「大化の改新」の話を親から聞かされており、心に深く刻んでいたのではないかと思われる。笠間の元士族が藤原の流れということは今日でも笠間の地元では当たり前に語られている。往路八九日もかけて地球を半周し、帝政ロシアの首都に単身渡った山下りんの強靭な心の強さは、「大化の改新」の鎌足にも引けを取らない凄まじいものであったに違いない。要は、時代の新しい扉をこじ開けたのである。

山下りんの「大化の改新の図」はニコライ堂時代に描いたとされるから、ロシアから帰国後のことである。イコン聖像画家の山下りんにしては、動きのある構図であり、大化の改新の暗殺現場を迫真のデッサン力で描いている。エルミタージュ美術館の西洋画の影響が強く見られる。

しかし、この絵をよく見ると描かれている中大兄皇子らの顔は、日本人の顔ではない。不思議である。山下りんがどのような思いを込めて、この絵を描いたのか、想像すればするほど様々な思いがよぎる。明治の初期に、単身ロシアのペテルブルクに留学した士族の娘が、帰国後にこの「大化の改新の図」を描いたことは、エルミタージュ美術館で見たイタリア・ルネサンスのダ・ヴィンチやラファエロ、スペインのグレコやゴヤ、フランドル、オランダのレンブラント、ルーベンス、さらに印象派のルノワール、セザンヌ、モネなどの絵画から大きな衝撃を受け、明治維新の文明開化の中で、思いをはせたのは遠い万葉の「大化の改新」の歴史であったのかもしれない。

少し常陸国政治風土記からは話題がそれたが、明治の初めにロシアに留学した一人の常陸国・笠間の士族の娘が、ルネサンスやフランス革命のエネルギーに圧倒され、日本国の歴史の大転換となった鹿島生まれの中臣鎌足による「大化の改新」に郷愁を抱いたことは「常陸国政治風土記物語」に彩を添えるものである。常陸国の笠間盆地に育った一人の女性が、明治の初めにルネサンスの息吹をこの「大化の改新の図」に託したに違いない。文明開化はこのような形で『常陸国風土記』の世界にもたらされているのである。

この山下りんが描いた「大化の改新の図」の中臣鎌足の顔が西洋人のように見えるのは単なる偶然なのか。鎌足は渡来人との説もあるが、一説には太平洋の黒潮に乗って到来した外国人とも言われるなど真相はわからない。もっとも鎌足は幼少より兵家権謀の書『大公六韜』に親しみ、隋留学僧・旻、唐留学生・南淵請安に学んだ大俊才であり、その並外れた高い知識から中国からの渡来人と思われても不思議ではない。

藤原鎌足の出生地は、現在の奈良県橿原市か明日香村とする説が有力であるが、もう一つの鹿島の地元に残る生誕説を検証してみることにする。鹿島神宮に奉仕する中臣の一族である父・中臣御食子が鹿島神宮の神官として赴任していた鹿島で生まれたとする『大鏡』の説が最も説得力がある。将門研究で優れた著作を数多く発表した下妻出身の元農水大臣・赤城宗徳もその著作で、鎌足が鹿島の出であることに触れている。

『大鏡』には、「その鎌足の大臣生れたまへるは、常陸国なれば、かしこに鹿島という所に氏の御神を住まはしめ奉りたまひて、その御代より今にいたるまで、あたらしき帝、后、大臣たちたまふ折は幣の使かならずたつ」とある。

父・御食子は若いころ都に学び、そこで知り合った大伴氏の娘を妻として故郷に戻った。やがて妻が妊娠し、鹿島神宮のある台地の下の内海・北浦海岸の下生という場所で鎌足を生んでいると伝わる。

その後、都育ちの妻の願いもあり、親子で都に上がり、俊才の鎌足が育つことになる。その鎌足生誕の下生について、江戸期にまとめられた『新編常陸国誌』の鹿島郡・宮中の項に「鎌足社」の記述がある。現在、その場所に鎌足神社の小さな祠が建立されており、中臣鎌足生誕の地であることを物語っている。当時は、お産をするための小さな小屋を海岸の砂浜に建て、無事子供が産まれると、その小屋を焼却したとある。その小屋の跡地に立つのが「鎌足神社」である。

以上は『常陽芸文』(一九九〇年/四月号)の記述概要の鎌足生誕説であるが、『常陸国風土記』

あるいは新たな歴史的視点から鎌足鹿島生誕説を検証してみたい。

孫の藤原宇合が『常陸国風土記』を編纂した常陸国初代国司であり、光明皇后が雨引観音楽法寺に帰依したことから祖先の藤原(中臣)鎌足ゆかりの地が常陸国鹿島であることの証でもある。このことからも常陸国誕生の隠された物語がここにあるのかも知れない。

改めて言及するが、『常陸国風土記』には、常陸国は豊かな自然とおおらかな人々が集う「常世の国」(桃源郷)として記されているほどだ。常陸国は六四五(大化元)年、大化の改新の直後に誕生している。そしてこの『常陸国風土記』は藤原宇合と高橋虫麻呂の二人の編纂とされる。

藤原不比等の三男である宇合は、常陸国司になる前に第八次の遣唐使副使として阿倍仲麻呂や吉備真備らと共に唐に渡った歌人・詩人であり高い知識を有する知識人であった。藤原宇合の祖父は大化の改新の中心人物の中臣鎌足のちの藤原鎌足であった。先述したように『大鏡』によれば、藤原鎌足は常陸国鹿島に生まれたとある。

諸説あるが、陸奥を見据えたこの地に常陸国を作り、その初代国司に鎌足の孫にあたる宇合が就いたのも、この鎌足の出自が鹿島であるとする言い伝えと無関係ではないのかもしれない。

また、この藤原一族の権勢を背景に、当時の常陸国は大和朝廷と比肩しうるほどの東国における大きな勢力を誇っていたと思われる。それこそが平将門、大掾平氏(平清盛の先祖)、徳川光圀、徳川斉昭と脈々と流れる常陸国の政治の源流なのだろう。あるいは大化の改新により律令国家としての国の基本となる中央集権国家の礎を築いた鎌足の試みは、日本の政治制度に大変革をもたらしたことは間違いない。

『常陸国風土記』の冒頭「常陸國司解」の現代語訳には常陸国の創建に中臣一族が関与していることについて次のように記されている。

常陸の国の司（長官）より、この地方に古老たちが昔から語り伝えてきたことについて申し上げます。

常陸の国や郡など、各地域の地名に関する神話、伝説、歴史的な事実などの昔のことを古老たちに尋ねたところ、次のように答えました。昔は、相模の国の足柄山（神奈川と静岡の県境の足柄峠）の坂から東の総ての地域を、我姫の国といいました。その当時の常陸の国にあたる地域は、新治、筑波、茨城、那珂、久慈、多珂の国といいそれぞれの国に造・別という豪族が派遣されて治めていました。その後、難波の長柄の豊前の宮（現在の大阪市）で国を治めておられていました孝徳天皇の時代になって、朝廷に仕えていた高向の臣や中臣の幡織田の連などを派遣されて、足柄の坂から東にある国々を統治させました。この時に、我姫の

国を八つの国に分け、その一つが常陸の国になりました。（常陽芸文「特集・『常陸国風土記』」号より）

鹿島神宮の〝「鹿島の大神　武甕槌《タケミカヅチ》大神のお話」〟には、中臣と高向の臣との関係を示す、次のような興味ある記述がある。

孝徳天皇の御代に中臣鎌子、中臣部兎子等が総領高向太夫に願って下総国から一里、那珂国から五里を割いて新たに鹿島神郡を置いた。

大織冠藤原鎌足は大化の改新の時に活躍し、藤原一門の礎となりますが、元は中臣鎌足と申しており、鹿島の大神に仕える祭官の家の出とも言われており、藤原一門の人は鹿島と香取の神を氏神として大切にしていた。

このことからも中臣一族が鹿島神宮とゆかりの人々であることは古来からの言い伝えである。

さらに、「称徳天皇の御代、都の平安、国の安泰を守る神を都に迎えることになり、藤原不比等が鹿島から御分霊を鹿の背に乗せて奈良の三笠山にお祀りするが、これが春日大社であるとも記されている。この時鹿島神宮の祭主中臣大宋の二人の子、「時風」「秀行」が同行し、春日大社の祠官中臣植栗連として代々仕えることになった」ともある。

その後、都が長岡京に移ると大原野神社、京に都が定められると吉田神社として祀られ、都を守る神として神威を示してきたとある。時代が下って、鎌倉幕府も江戸幕府も藤原家の氏神である鹿島神宮を大切に護ったとされる。

一方、水戸弘道館を創設した徳川斉昭は、弘道館設置の主旨を著した『弘道館記』に弘道館の中に孔子廟とともに鹿島神宮をお祀りした理由を「人々にこの日本の国の道を定めた神を知ってもらうため」記している。

弘道館記を解説した藤田東湖の『弘道館記述義』には「東国で鹿島の上に出るものはない。昔から常陸国を訪れた人は、必ず先ず鹿島の大神を拝してから常陸国に入った」と述べている。鹿島神宮の参道奥の森には、地震を抑えると言われる「要石」があるが、徳川光圀も斉昭もこの「要石」を大切にしていたと言われる。昔から鹿島の大神は地震抑えの神としての信仰があり、江戸時代には「鯰絵」が地震除けのお守りとして人気を博したとある。

『常陸国風土記』の時代、あるいは万葉の時代に常陸国はこの鹿島神宮を起点に東国最大の勢力を有する地域であったことは間違いない。

田中英道氏の『高天原は関東にあった』は、これまでの日本古代史の常識を覆す衝撃的な文献であるが、これらの常陸国に残る言い伝え、伝承をつなぎ合わせると大和国に影響を与えながら、大和国の朝廷と緊密に交流してきた常陸国の姿が彷彿としてくるのである。

## 8　遣唐留学生の俊才――阿倍仲麻呂と吉備真備

阿倍仲麻呂と吉備真備は第八次遣唐使・唐留学生として派遣されているが、常陸国と所縁の人物である。この第八次遣唐使は、遣唐使船四隻、総勢五五七人と大規模使節団で、七〇二年（大宝二）年の第七次遣唐使船から一六年目の派遣であった。この時の遣唐使副使が藤原不比等の三男・藤原宇合であり、仲麻呂と真備とは旧知の関係にあった。

仲麻呂が帰国しないために大和朝廷の逆鱗に触れ、奈良の所領を没収された仲麻呂一族が筑波山麓に移り住み、後年、吉備真備が仲麻呂一族を訪ねたとする説がある。これは俗説とされるが、少しばかり推理をはたらかせれば常陸国司の藤原宇合が仲麻呂一族と真備の常陸国入りの機会を取り持った可能性は容易に想像がつく。

この時の第八次遣唐使船は七一七（養老一）年三月下旬に難波の御津の港を出航、翌年の七一八（養老二）年一〇月に帰国している。遣唐使トップの遣唐押使は多治比真人県守、大使は大伴山守、副使が藤原宇合であった。宇合二二歳、仲麻呂一九歳、真備二二歳であり、唐留学生は破格のエリートであることから仲麻呂は遣唐使副使の宇合と同格の副使の立場にあった。

藤原宇合は、帰国後の七一八（養老二）年七月に常陸国守になる。『常陸国風土記』は七一三（和銅六）年から七二一（養老五）年に編纂されており、遣唐使から戻った藤原宇合が後半の『常陸国風土記』の完成期に深くかかわっていたことが分かる。

唐留学生の吉備真備の帰国は、入唐から一八年後の七三四年になる。

唐の留学生として仲麻呂と真備は極めて優秀であり、特に仲麻呂は最難関の科挙に合格し、唐の玄宗皇帝に仕え、玄宗が高く評価し日本に帰国することを認めなかったほどだ。その二〇年後の七五二年に第一〇次遣唐使（大使：藤原清河）の副使として再び長安を訪れた吉備真備は阿倍仲麻呂と再会、翌七五三年にともに帰路につくが、阿倍仲麻呂、藤原清河の乗った第一船は遭難し安南（今のベトナム）に漂着し、結局、仲麻呂は帰国することがかなわなかった。その後、仲麻呂は七六一（天平宝字五）年から七六七（天平神護三）年までハノイの安南都護府に在任し、安南節度使（軍を統括する皇帝）を務めている。安南節度使とはベトナム提督のことである。

一方、真備は遭難するも種子島に漂着し、何とか都に戻ることが出来た。

仲麻呂、真備が唐留学生として赴いた当時の長安の学校制度は、国立の上級学校として、國子館、太学館、四門館、律学館、算額館、書学館の六学館が設けられていた。國子館は上級貴族の子弟が入学する六学館で最大規模。太学館は、それ以下の貴族の子弟。四門館は一般庶民の秀才子弟が学ぶところであった。律学・算額・書学の各学館はそれぞれの専門の学館であった。

真備は四門館で、仲麻呂は太学館を志望し合格、優秀な成績で卒業。さらに仲麻呂は当時最高の国家試験で唐王朝の高級官僚の登竜門である科挙に挑戦し、最も難関の進士科に合格している。真備は明経科に合格した。明経科は経書の暗記力と解釈が求められ、進士科は経書に加えて詩賦（詩文）の能力が課題とされた。経書とは、中国の儒教の古典の易経、書経、詩経、礼記、春秋であり、時代によりこれに老経、論語、孟子などが加わり、これら経書の解釈学が経学である。進士科の合格者は受験者一〇〇〇人に一％から二％、明経科は受験者二〇〇〇人に一〇％から二〇％と言われ、最難関の進士科は年間三〇人ほどの合格者であったという。

当時は、「三十老明経、五十少進士」と言われ、三〇歳で明経合格は遅いほうであり、五〇歳で進士合格は若いほうと言われていた。詩人の杜甫も二四歳で受験、その後何度も挑戦するも合格できなかった言われる進士の試験に、仲麻呂は三〇歳ぐらいで合格するのだからその英才ぶり破格であったのだろう。

真備が仲麻呂の一族が住む筑波山麓を訪れたとされる時期は、留学生から戻った七三四（天平六）年以降か、第一〇次遣唐使から戻った七五三（天平勝宝五）年以降か不明であるが、いずれにせよ仲麻呂から託された中国の書物を届け、仲麻呂との約束を果たしたという説は残っている。

これには常陸国司をした旧知の藤原宇合の助言があったことも考えられる。七三四年に帰国した際に、真備は史書『東観漢記』、『漢書』、『礼記』、『経書』、『天文暦書』などに加え日時計、楽器、音楽書、弓、矢を持ち帰り、聖武天皇に献上しているが、この時、仲麻呂から託された中国・唐の宝書を仲麻呂一族に届けたのかもしれない。さらに、阿倍仲麻呂の末裔が、これらの書物で学び長じたのが、安倍晴明とする言い伝えがある。

## 9　光明皇后の大仏開眼と天然痘大流行

二〇二〇年の新型コロナ感染の世界的拡大に限らず、人類の歴史は幾度となく疫病の大流行によって大きな変革を余儀なくされている。

七三五（天平七）年の夏、九州大宰府地方から天然痘が流行しだした。都では天武天皇の息子の新田部親王、舎人親王が相次いで病死、皇親政治が終焉し、光明皇后の兄の藤原武智麻呂が右大臣を、房前、宇合、麻呂が参議と藤原四兄弟が執政中枢を占め、藤原四卿の黄金時代を迎えていた。

しかし、七三七（天平九）年、九州全土に拡大した疫病・天然痘は、次第に北上し全国に広がり、この年の二月には平城に侵入、藤原不比等の次男・房前を皮切りにわずか五か月で次々に天然痘に罹患し、四兄弟全員が疫病死して藤原時代が終焉している。古来、疫病は政変をもたらし、権力構造を変えると言える。藤原四卿時代が終焉すると光明皇后の異父兄の橘諸兄が権勢を誇り、則天武后の影響を強く受け、仏教に深く帰依していた光明皇后創案の東大寺の大仏を建立している。

また、光明皇后は、施薬院と悲田院を創設し、病人や孤児の保護や治療、施薬を行っている。諸国から献上させた薬草を施し、光明皇后自ら病人の看護や、入浴を介助するなど病気治癒と福祉活動に取り組んだと言われる。加持祈祷だけに頼るのではなく、医術にも注力している。風土記の編纂も諸国の病気治療法や各地に自生する薬草の収録なども目的としていたと思われる。聖武天皇の招きで来日した鑑仁和尚はじめとする中国僧により仏教のみならず医術や薬学も伝えたとされる。この時代、中国からの医術が伝えられていたのである。

光明皇后は、鎌足の息子・不比等の娘・光明子であるが、夫の聖武天皇の母・宮子皇太后とは異母姉妹になる。光明皇后は、母の橘美千代の影響を受けて幼いころから仏教に深く帰依しており、長じては唐の則天武后に私淑した皇后は、第七次遣唐使の学問僧・道慈、第八次遣唐使学問僧の玄昉などから唐に於ける仏教の興隆について聞かされている。特に唐の高宗の時、則天武后によって造られた洛陽の竜門の盧舎那仏の大石仏や、武后が造顕した大金銅仏などに触発されていたことは間違いない。

七三七（天平九）年には、さらに旱魃、飢きん、M七クラスの畿内七道諸国、M七・九クラスの美濃国を中心とする大地震にも襲われ、大きな不安に襲われていた時代であった。

このため聖武天皇と光明皇后は、疫病対策として災いを鎮めるために奈良東大寺の大仏・盧舎那仏を建立したのだ。建設は七四五（天平一七）年に始まり、七五二（天平勝宝四）年に開眼法要が行われ、退位した聖武太上天皇と光明皇后、孝謙天皇（光明皇后の娘）などにより盛大に開眼供養が執り行われているのである。

光明皇后は、父の不比等と母の橘美千代との政治的天分を受け継ぎ、幼少より聡明にして優れた政治的才能にめぐまれており、病弱で気弱な夫の聖武天皇に代わり、政治的な主導権を握っていたのである。

その皇后は唐の留学生帰りの吉備真備や唐学問僧の玄昉をたいそう寵愛したとも言われている。この光明皇后と吉備真備、さらに藤原宇合と吉備真備との関係からも真備が筑波山麓の仲麻呂一族を尋ねたことには信ぴょう性があると思われる。その際に、真備が鹿島神宮や雨引山楽法寺を訪ねていても不思議ではない。

## 10　縄文、弥生そして古代万葉時代の常陸国

その昔、『常陸国風土記』編纂以前、縄文、弥生時代からの霞ヶ浦と筑波山を中核とする地域がどのような場所であったのか、時空を超えて古代の世界を想像してみたい。

法輪独守居士が常陸国に来た万葉浪漫の時代、広大な関東平野に双峰の美しい山があった。標高わずか八七六メートルの穏やかな山。西の富士山、東の筑波と語り継がれた神々しい筑波山である。当時は山麓まで内海の香取の海の海岸線が迫り、古代から海の幸、山の幸に恵まれた肥沃な土地が広がっていた。一三〇〇年前の『常陸国風土記』に詠まれた今の茨城県である。

今日でも霞ヶ浦にそそぐ恋瀬川にかかる橋から見る、陽が沈みゆく筑波山は神秘的な美しさを讃えている。湖面が黄金色に輝き、夕日が空を赤く染め、筑波の双峰は真っ黒な姿を浮き上がらせる。

全知全能の神が荘厳な光景を描き、人に深い感動を与える瞬間である。

それから遥か昔、常陸国には有史以前の創建とされる筑波山神社、紀元前六六〇（神武天皇元）年の創建とされる二六八〇年に及ぶ歴史を有する鹿島神宮が存在し、『古事記』や『日本書紀』、『万葉集』にも登場している。少なくとも今の霞ヶ浦湖畔には、縄文から弥生時代の多くの貝塚

があり、海の幸と山の幸に恵まれたこの地域に多くの人々が生活していたことがうかがい知れる。『常陸国風土記』によれば、今の稲敷市の浮島では食用の海松《みる》や塩を焼く海藻に恵まれ製塩がおこなわれており、古老の話として浮島近くの乗浜では海苔の生産も活発であったとある。

また内海だった霞ヶ浦には難破した中国人が相当数筑波山麓に住みつき帰化し、養蚕、織物、製鉄、勾玉、陶器などの技術を伝承したとも伝えられている。鹿島神宮には製鉄遺跡があり、霞ヶ浦の沿岸の玉里は勾玉を作っていたことから「勾玉の里」が玉里という地名になったと言われ、実際に多くの勾玉が見つかっている。

特に鹿島の製鉄に関しては、『常陸国風土記』に「慶雲の元年、国司采女朝臣、卜へて、鍛冶佐備大麻呂等を率ゐて、若松の浜の鉄を採りて剣を造りき」とあるように、この鹿島は砂鉄から剣を造る地方であり、鹿島神宮近くには、製鉄遺跡があり、鉄を流した残滓が地表を覆っていると言われ、鹿島神宮の宝物館には一三〇〇年前、平安時代のものと言われる「師霊剣」という刀剣がある。また中臣鎌足も幼名は鎌子と言い、香島の地の製鉄所で鎌を生産していたことから名付けられたと言われる。

これらのことからも常陸国は古来より様々な文化や技術を日本に伝えた中国との交流が活発であったと想起できる。

さらに縄文時代にも東南アジアや中国から多くの人々が太平洋の黒潮に乗って現在の関東地方

にも渡来していたと考えられる。その到達点が南から北上する暖流の黒潮とシベリアから南下する寒流の親潮がぶつかる鹿島の沖合から内海の香取の海に到達していたと推察できる。
実際、鹿島の対岸の香取神宮の近くには、縄文時代の丸木舟が三〇〇艘もまとめて発掘されている。縄文時代の船は多くの遺跡から発掘されているが、それらは長さ六メートル以上、直径八〇センチ以上の丸太をくり抜いた丸太舟であった。

田中英道氏の『高天原は関東にあった』によれば、「稲作が縄文時代に東南アジアからやって来て、日本固有の稲作になったという新説は、天皇が行う水稲中心の「大嘗祭」が、『記紀』のアマテラスから発しているとするならば、それは縄文時代からの伝統であることと重なり合い、稲作が朝鮮経由でない、日本固有の伝統によるものであることが認識されるのである。（中略）天皇が即位されるときの新嘗祭を「践祚大嘗祭」と呼ぶが、それ以後毎年十一月に天皇は収穫祭として、その年の新穀を神に捧げ、自ら食する祭儀を執り行う。この天皇の中心的行事のひとつが、朝鮮半島からやって来た水稲とむすびつけられてきたが、そうではなく、縄文古来の日本特有な稲作によるものであることがはっきりしてきたのである。それは新穀である五穀、稲、麦、粟、稗、豆を天神地祇に勧め、天皇自ら食し、収穫に感謝する祭祀であった。そこに含まれる米、粟、稗、豆は、すべて縄文時代からの食物であり、日本古来のものであったのである」とある。

さらに次のように述べている。

弥生時代は、朝鮮半島や大陸から来た稲作によるものではなく、縄文の稲作から発展した水田が、畦や水路づくりや田植作業をあらたに必要とした時代ということが出来よう。縄文時代は、熱帯ジャポニカも栽培し続け、水田と焼畑の両方を併用していた。これは弥生時代どころか、平安時代まで続いていたのである。（中略）日本の六〇〇〇年前からの陸稲に、三〇〇〇年前に水稲が加わり、両種は平行して耕作されてきたといってよい。つまり縄文時代から弥生時代への変化は、共存であり、更新では無かったことになる。弥生時代は稲作が規模を広げ、温帯ジャポニカがより多く作られた時代ということが出来る。そこにすこしずつ、朝鮮半島、中国から舟でやって来る帰化人も加わったのであろう。

常陸国の霞ヶ浦から筑波山にかけての一帯は、今日でも水稲、陸稲、麦、粟、稗、豆の五穀が収穫される豊饒な土地である。例えば、霞ヶ浦に突き出た出島（現在のかすみがうら市）は、遺跡が七八八ヶ所も確認されており、人々の住まいとなった住居跡や集落跡を始め、縄文時代を特徴づける貝塚、総数五〇〇基にも及ぶ古墳、須恵器や瓦を焼いた窯跡、製鉄遺跡、中世人など様々な先人の生活痕跡があり、いつの時代でも多くの人が住みやすく、里山からは木の実・山梨、畑地からの様々な作物、そして肥沃な土地に育つ稲、霞ヶ浦からは水草・魚・塩などの水産物が沿岸部の人々に潤いを与えてきたとあり、縄文時代から『常陸国風土記』の時代、そして今日まで常世の国として存在してきたことがうかがえる。

出島の対岸の美浦村、稲敷方面にも古墳や貝塚が数多く存在し、稲敷市稲波干拓地には毎年、国の天然記念物に指定される雁の一種オオヒシクイの群れ二〇〇羽近くがロシアのカムチャッカから飛来し越冬している。雁は万葉の時代から歌に詠まれており、稲敷の田圃で二番穂などをついばんでいる。

古代よりこの地が豊饒な土地であることを示しており、万葉の時代に寒いシベリアから雁の群れがこの地で冬を過ごしていたかと想像すると古代浪漫そのものではないのかと思われる。要は、古代より稲作が活発であったことを想起させ、縄文時代に稲作が伝わっていたことをも連想させるのである。徳富蘆花の短編小説『漁師の娘』に出てくる相見崎観音は出島の突端にあり、相見崎観音の右奥に筑波山、眼前に穏やかな霞ヶ浦が広がり、その先に浮島と稲敷方向の景観が広がる。また、雁が飛ぶ光景は、霞ヶ浦に生息する水鳥や鷺、雁など多くの渡り鳥の営みを伝えてくれているのである。

## 11　山紫水明の常世の国を描いた徳富蘆花の世界

『常陸国風土記』の香島郡の記には今の神栖市の軽野の東海岸に長さ四五メートル、幅三メートルの大型木造船が漂流し砂の中に埋まっていたとの記述がある。これが中国の木造船であったとしても不思議ではない。この大型木造船の乗員が筑波山麓辺りに集落を作り帰化した可能性は十分考えられる。

また、古代において霞ヶ浦は香取の海と呼ばれる内海だったが、霞ヶ浦の西浦右岸に縄文時代からの浮島という小さな島があり、『常陸国風土記』によれば、そこでは海藻を焼く製塩が営まれていたとある。一九六五（昭和四〇）年代に干拓のため陸続きとなったが、『常陸国風土記』には、東国平定を成し遂げた後病死した息子の日本武尊（ヤマトタケルノミコト）を追慕した景光天皇が、東国巡行の折、この浮島に一ケ月ほど滞在したと伝えられる。小袖ヶ浜には内海であった名残を伝える波が絶え間なく打ち寄せ、はるかに望む筑波山は穏やかな霊峰の姿で佇んでいる。平安時代の歌人・紀貫之に「桜川　瀬々の白波　しげければ　霞うながす　信太の浮島」と詠われた古来からの景勝の地であった。

一八九八（明治三一）年頃、徳富蘆花が数カ月この島に滞在し、島に住む穏やかな人々の生活を『漁師の娘』と題する短編小説を著わしている。漁師の老夫婦と拾い子の美少女の物語だが、浮島の四季折々の自然の様子とともに霞ヶ浦と筑波山を舞台に生活する穏やかな人々の人情を細かく描写している名作である。

ポプラ社の「百年文庫」87に、「春は霞、夏は風吹き寄せて空を裂く夕立。四季刻々と移り変わる筑波の山へ語りかけるように、娘お光は清らかな歌声を響かせる。老夫婦の愛と、しかし癒されることのない孤独の影が胸を打つ徳富蘆花の『漁師の娘』」と、紹介されている。

短編の中に凝縮された言葉の一つ一つが美しい情景を描き切り、まるで人形浄瑠璃のような人情噺を限りなく透明に昇華させ、現世の悲哀を語り尽くしている。文体は時に漢詩のような水墨画であり、時に淡い色彩の水彩画のようである。そして徳富蘆花の抒情詩のような言葉の表現に圧倒される。上田秋成の幽玄の世界のようですらある。

その徳富蘆花作『漁師の娘』の冒頭部分と一部の清冽な文体を次に紹介する。

常陸《ひたち》の国《くに》霞ケ浦の南に、浮島《うきしま》と云って、周囲《めぐり》三里の細長い島がある。

二百あまりの家と云う家はずらり西側に並んで、向《むこ》ふ岸《ぎし》との間は先ず墨田川位《ぐらい》、おおいと呼べば応《おう》と答えて渡守《わたしもり》が舟を出す位だが、東側は唯《ただ》もう山と畑で持切《もちき》って、それから向ふへは波の上一里半《はん》、麻生天王崎《あそうてんのうざき》の大松《おおまつ》も、女扇《おんなおうぎ》の絵に画《か》く子日《ねのひ》の松《まつ》位にしか見えない。此《この》浮島の東北《ひがしきた》の隅の葭蘆茫々《よしあしぼうぼう》と茂った真中に、唯ッた一軒、古くから立って居る小屋がある。此《これ》は漁師の万作《まんさく》が住家《すみか》だ。夏から冬にかけては、人身《ひとたけ》よりも高い蘆《あし》が茂りに茂って、何《ど》処《こ》に家があるとも分からぬが、此《この》あたりを通って居ると、蘆の中から突然《だしぬけ》に家鴨《あひる》の声が聞えたり、赤黒い網がぬっと顔を出して居たり、または一条《ひとすじ》の青烟《けむり》の悠々と空に消えて行くのを見ることがある。併《しか》し其《そ》れよりも著しいしるしがある。其《それ》は此の蘆の中から湧いて来る歌の声――万作の娘お光《みつ》が歌う歌であった。

お光の身体《からだ》は万作夫婦の手で育ったが、お光の心を育て上げたものは筑波と霞ケ浦だ。（中略）お光の眼には、四季刻々うつりかわる景色が如何様《どんな》に面白く珍しく見えたであろう！　背戸《せど》の柳《やなぎ》緑の糸をかけそめて枯葦《かれあし》の間からぽつぽつ薄紫の芽がふく頃となれば、それ「雪は申さず先ず紫の筑波山《つくばやま》」霞ゆえに遠くなって名詮自称《みょうせんじしょう》霞ケ浦は一面春霞だ。其間《そのあいだ》に此《こ》処《こ》に一つ、彼処《かしこ》に二つ、掌《てのひら》に載る程の白帆が走るともなく霞の奥にかくれ行く其《その》景色は、如《ど》何様《んな》にゆかしくお光の心に覚えたであろう。それ夏が来る。四面《あたり》は只《ただ》もう真青の葦《あし》だ、葦だ、葦だ。世間の風と云う風は一つになって此処《ここ》に吹くと云う位。それ夕立だ。

晴るる、暮れる、真黒い森の背《うしろ》ぽうっと東雲《しのの》めて上る夕月、風なきに散る白銀《しろがね》の雫《しずく》ほたほた。闇は墨画の蘆に水、ちらりちらりほの見えて、其処《そこ》らじゅう螢《ほたる》くさい。お光の心は如何《どん》様《な》に涼しく感じたであろう。秋になる。万頃《ばんけい》の蘆《あし》一斎にそよいで秋風の辞を歌う。蘆の花が咲く。雁《かり》が鳴く。時雨《しぐれ》が降る。蘆は次第《しだい》に枯れそめる。頓《やが》て限りなき蘆の一葉《ひとは》ひとはに朝霜白く置いて、磨《と》ぎ澄《す》ました霞ケ浦の鏡一面、大空につく息白く立ち上《のぼ》る頃は、遠かった筑波も毛穴の見える位近々と歩み寄って、夕日の頃は、其《その》下に当たる相見《あいみ》崎観音《ざきかんのん》の石段の数も殆《ほとん》どよまれる。お光の心はどんなに此《この》清い景色を吸い込んだであろう。冬が来る。景色は寂《さ》びれ行く。鴨《かも》の羽音《はおと》冴えかえって胸にこたえる。それに雪が降りだすと、空と湖と一かたまりになって、筑波処《どころ》か、すぐ先も見えぬ位、ちら〳〵〳〵降って降って降りしきり、櫓《ろ》の音もしなければ、鳥の声もせず、唯《ただ》時々つもる雪の重みに枯葦《かれあし》のぽき〳〵折れる音ばかりだ。此様《こん》な時には、お光の心は如何《どん》様《な》に淋《さび》しくあわれに感じたであろう。（徳富蘆花著『漁師の娘』）

さらに一九二五（昭和一〇）年頃発行の『水郷と常陸乃海めぐり』（箱田北雷著）には、浮島について、「島全体が山紫水明」「冬暖かにして夏涼しく、大自然の恵みに育まれた島民の生活習慣は、物質文明生存競争の世界を外に、純朴なる共存共栄の別天地を現出している。」「島民の多くは漁業を営み、その資源は豊かである」と紹介されている。

『常陸国風土記』に常世の国（桃源郷）と書かれた常陸国と霞ヶ浦の風光明媚な姿を彷彿とさせる記録である。浮島の小袖が浜には砂浜の名残があり、霞ヶ浦の穏やかな波間の遥か向こうに筑波山を望むことが出来る。中国の長江から木造船で黒潮に乗り到来した中国人や、大和朝廷から訪れた官吏たちが、この風景を見ながら波間をゆっくりと常陸国の国府のある筑波山麓の高浜海岸に向かったかと思うと、常陸国を詠んだ『万葉集』の歌が自然に浮かんでくるのである。

この『常陸国風土記』の源流ともいえる雨引山楽法寺から見える関東平野はのどかで、万葉時代にはさぞかし人々の安寧とした生活が営まれていただろうと、往時を彷彿とさせてくれる場所である。

## 12　遣隋使・遣唐使の頃の黒潮文化と民間交流

六〇〇（推古八）年の第一回遣隋使の派遣以来、推定される遣隋使の航路は倭国の難波津を出て、瀬戸内海から九州・博多津を経由して黄海から渤海に、そして黄河を上り隋の洛陽に至ったと考えられている。しかし、遣唐使の時代になると三つのルートがあったと言われる。

一つ目は壱岐・対馬を経て朝鮮半島南端から北上、山東半島北端で上陸して長安に向かうか、山東半島を南下して楚州から運河で長安に向かった北路コース。この楚州は今の江蘇省淮安市で、周恩来の出身地である。

これに対し二つ目の南路コースは、五島列島から東シナ海を横断蘇州に到り、運河か陸路で長安・洛陽に向かうルートである。

三つ目のコースは南島路コースである。これは九州から種子島・屋久島・奄美・徳之島伝いに沖縄に出て、対岸の揚子江河口に着き大運河から洛陽・長安に向かったと思われる。

常陸国と中国との当時の往来を見ると、内海であった香取の海・霞ヶ浦から太平洋に出て、今の上海の北から長江に入り南京に到る独自のルートが存在していたと考えるのが自然である。

特に、中国からこのコースを選択すると太平洋の黒潮に乗り最短コースではなかったかと推察される。「かつてこの湖には太平洋の波が打ち寄せ、世界の海に通じていた。黒潮に乗って中国の江南地方から、はたまた東南アジア地方から薫り高い文化を乗せて人々が集まった」（河野辰夫・茨城県文化財保護委員）とあるように霞ヶ浦は世界に開かれた常世の国の玄関口であったのである。

当時の造船技術は素朴で幼稚ではあったが、六〇二年の推古朝のころには、日本でも新羅遠征軍を運ぶ軍船が建造されており、大和朝廷は南方の屋久島へむかう遠洋航海用の大型船を建造している。従って、遣隋使や遣唐使の船は、いま想像するよりもはるかに堅牢で大きなものであったと思われる。遣唐使船は長さ二五～三〇メートル、幅八～九・六メートル余の大型船で、一隻に百三十人も乗り込み、メインマストは二本、風のない時には六〇人の漕ぎ手により櫓を漕いで進んだとされる。甲板には、屋形があり高官がそこで寝起きしていたらしい。当初遣唐使船は一、二隻であったが、第八次遣唐使からは四隻の大船団で構成され、総員四〇〇人規模であったとされる。

長い航海に備え、貢物の他に食料などの荷物も大量に積み込んでいたに違いない。この時代には運河の発達した中国の長江近辺の都市を往来する船の建造技術は想像以上に進んでいたとみるべきである。当時既に奈良・薬師寺の木造建築が可能であったのであるから、それに匹敵する木造造船技術があり、木造大型船も東シナ海を航行し、日本列島にたどり着けるものであったことは想像に難くない。

奈良時代の常陸国司は藤原朝臣宇合はじめ武功にすぐれ、陸奥の情勢に通じた一流の知識人であり、また京からは検税使・巡察使などの役人が頻繁に常陸国を訪れている。『万葉集』巻九には、万葉の歌人・高橋虫麻呂による検税使の大友卿が、霞ヶ浦から丹塗りの官船に乗って海路を去っていく歌が詠まれている。

最初の遣隋使は『日本書紀』の六〇七（推古一五）年とする説があったが、実際には推古天皇の六〇〇年とする説が有力である。小野妹子らの六〇七年の遣隋使の時には、既に六〇三（推古一一）年に冠位十二階が制定され、六〇四（推古一二）年には聖徳太子により憲法十七条が制定されていることからも、中国から仏教や政治制度、文化などが日本に伝わっていたとみられる。

仏教伝来は、『日本書紀』では五五二（欽明天皇一三）年とされるが、実際には五三八（宣化天皇三）年とする説が有力である。五九四（欽明天皇一〇）年には「三宝（仏教）興隆の詔」が出されているが、この時代、中国は南北朝時代であり、南朝の梁の国が日本との交流を活発にしていたと言われる。梁国の初代皇帝・武帝は仏教、儒教の拡大に力を注いでいた。聖徳太子の父・用明天皇（五八五～五九二年）は、この初代皇帝・武帝の教えを大切にし、憲法十七条の考えもこれを反映したものと言われる。

法輪独守居士が梁国から常陸国に到達したのは五八七（用明天皇二）年であるから、御本尊延命観世音菩薩を携えて筑波山麓に到達したことは、何らかの特命を帯びていたとみるべきかもしれない。一つは仏教の布教であり、同時に紀元前二二〇年頃に秦始皇帝が徐福に命じたとされる〝不死の秘薬〟を求めていたのかもしれない。五八八（崇峻天皇元）年、蘇我馬子が法興寺（飛鳥寺）の建立を開始する前年であり、中国では南朝の梁国は滅び、初代皇帝・武帝もなく、後梁も五八七（用明天皇二）年に隋によって廃されようとしていた時代である。

常陸国では筑波山を囲むように、遣唐使との関係を有する人物が現れ、当時の梁国のあった江蘇省や中国の浙江省などとの交流を物語る歴史が『常陸国風土記』から水戸学にいたる文化・思想形成の源流となっている。

雨引山楽法寺を開基した法輪僧正に始まり、水戸光圀に招かれた朱舜水や水戸祇園寺開基の心越禅師は、いずれも浙江省の天台山近くの余姚と杭州の出身である。真壁の法身性西禅師（真壁平四郎）も浙江省・天台山の径山寺で八年間修業し、帰国後、仙台松島の瑞巌寺を中興させている。

また赤城宗徳が村長をした旧上野村の天台宗・千妙寺は、最澄の弟子・円仁（慈覚大師）の開基とされ、幼少の頃の飯村丈三郎が千妙寺の亮天僧正の教えを学んでいる。円仁は七九四年に下野国の豪続壬生氏の子として生まれ、唐留学生として中国仏教第一の聖地とされる五代山（山西省）で九年間修業し、帰国後は山形の立石寺、松島の瑞巌寺、平泉中尊寺、浅草の浅草寺なども開基ないし中興している。

# 第二章　中世からの幕末の常陸国激動の時代

## 1　地方豪族群雄割拠から源平共存共栄、そして怒濤の中世合戦絵巻

「中世」の歴史区分概念は、明治の歴史学者によって用いられた一一八五（寿永四）年の壇ノ浦の戦い・平家滅亡から一五七三（元亀四）年の室町幕府滅亡までの四〇〇年とする説が一般的であった。しかし近年では国司の地方支配と荘園が発達した平安中期からとする説も有力であり、この場合、平安時代は古代から中世への過渡期の時代とされる。

常陸国においても九三五（承平五）年の「平将門の乱」によって火ぶたが切られた怒濤の歴史は、これまでの確立された律令国家が地方豪族の台頭などにより崩壊し、十二世紀から十三世紀には荘園国衙《こくが》公領制が確立し、豪族が群雄割拠する時代となっている。ここで常陸平氏と共存・対立を繰り返しながら台頭したのが、常陸奥久慈七郷の豪族であった清和源氏流の佐竹氏である。

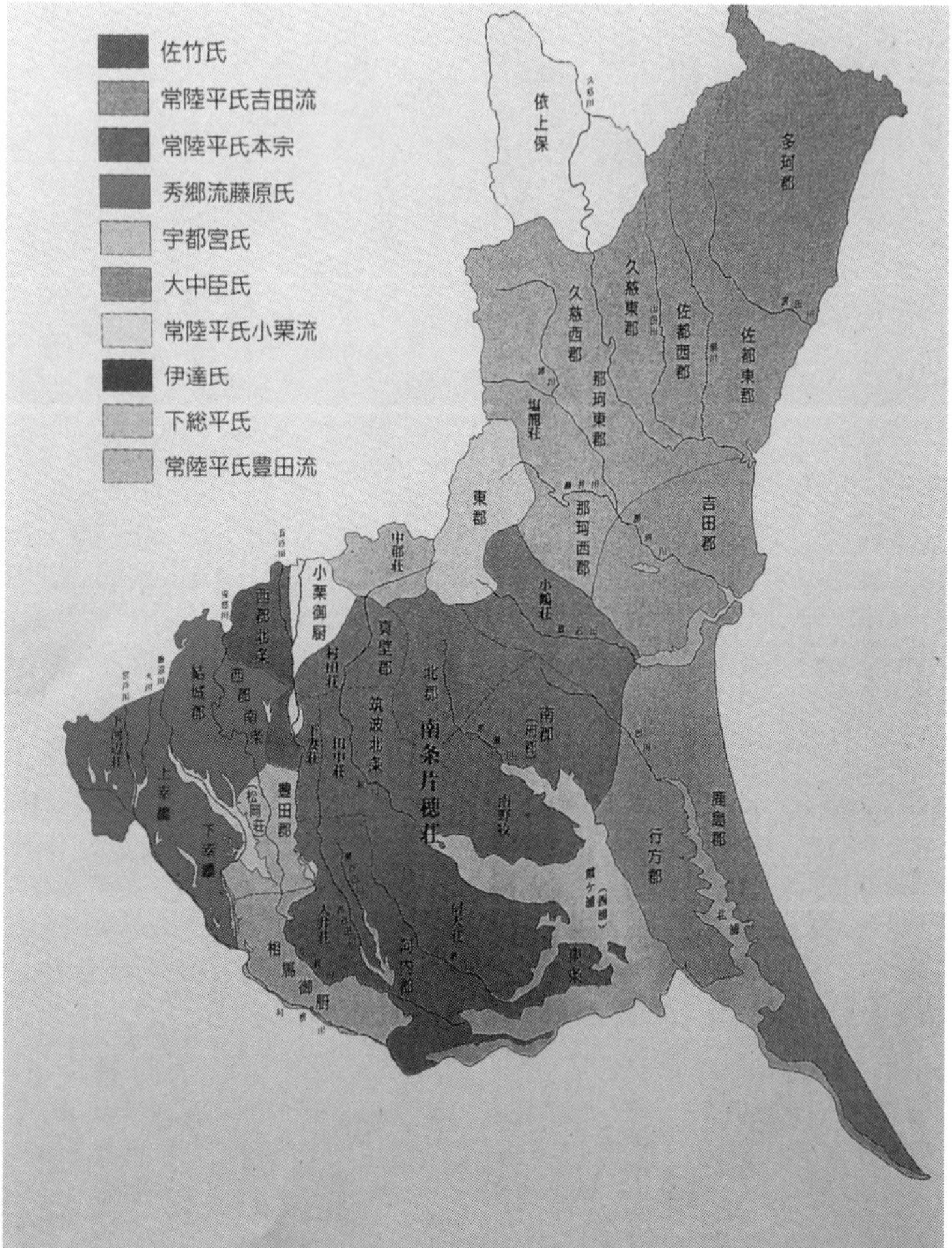


平安時代末期の常陸北下総荘園公領図

出典：茨城県立歴史館常設図録『茨城の歴史をさぐる』

この間、一一八〇年に同族の源頼朝が一四万人の大軍を率いて常陸国に入り、佐竹を攻撃した。源頼朝は富士川で平家の大軍を敗退させたが、そのまま平家軍を追討して一気に京に攻め上がらず、なぜか富士川から反転して常陸の佐竹を攻めている。一一六〇（平治二）年に始まり一一八五（寿永四）年まで続いた「治承・寿永の乱」（所謂「源平の戦い」）の一つの戦さであった。この金砂城の戦については、『吾妻鏡』に詳細が記述されているが、なぜ頼朝がルーツを共にする血脈の濃い佐竹を討ったかは諸説ある。奥州藤原の存在を警戒したと見るべきだろうが、頼朝は、弟の義経を追放しているのだから、近親により強い警戒心を抱いていたとも言える。常陸国北部の難攻不落の金砂城を攻め、この「金砂城の戦い」に勝利したことで、頼朝が関東を制圧し、一一八五年に清和源氏の源頼朝を中心として坂東平氏からなる鎌倉幕府を開くことになる。この坂東平氏は桓武平氏の流れであり、元皇族の高望王《たかもちおう》（平高望）に始まる平国香、貞盛、将門などが上総《かずさ》、下総《しもふさ》、常陸《ひたち》に勢力を築いた一族である。

「将門の乱」に始まる常陸国の大動乱の時代は、鎌倉、南北朝、室町時代と時代の波に翻弄されながら水戸徳川の時代になるまで続いていたと言っても過言ではない。この間、領地争いに端を発し、清和源氏と桓武平氏の両勢力が婚姻関係を結びながら拮抗し入り乱れていたのである。桓武天皇の曽孫の高望王が、平将門、そして将門を討った伊勢平氏の平貞盛の祖先であり、貞盛の玄孫が平清盛、曽孫が北条時政となる。

また清和源氏の流れの源頼義の三男・新羅三郎義光が佐竹の始祖であり、義光の長男・義業が佐竹氏となり、三男・義清が甲斐武田の始祖となり末裔には武田信玄・勝頼親子がいる。

一方、源頼義の長男で新羅三郎義光の兄が八幡太郎義家であり、その四代目の玄孫が源頼朝となる。金砂城の戦いは、清和源氏同族の戦いであり、大掾平氏の恩恵を受けていた佐竹氏を嫌った頼朝が攻めたが、その後、奥州合戦で武功をあげた佐竹氏を頼朝は武家人に取り立てた。これにより佐竹氏は六〇〇年に及ぶ常陸国での覇権を確立し、一五九〇（天正一八）年の豊臣秀吉の小田原攻めでは、佐竹氏一九代当主の義宣は秀吉の下に参陣し常陸統一の公認を得ている。また佐竹領内の佐渡、伊達に次ぐ産出量を誇った金鉱山を秀吉に召し上げられた代わりに、五四万石の俸禄を与えられ、太政大臣として豊臣秀吉の六大武将として君臨したのである。六大武将の伊達氏のルーツもまた、常陸国伊佐庄中村と伝わり、現在も筑西市には伊佐城跡として歴史を刻んでいる。

だからこそ徳川家康は、石田三成とも近く関ヶ原で中立的対応をした清和源氏の嫡流ともいえる佐竹氏の存在を警戒し、徳川幕府開設と同時に秋田に移封させ、御三家の水戸藩を配置したのであろう。

ことほど左様に、常陸国の動乱期に桓武平氏流と清和源氏流が烈しい戦を繰り広げ、南北朝時代までその争いは続いたのである。基本的に真壁など一部を除き水戸から北部は北朝方、笠間から南西部は南朝方の勢力図であったと思われる。そして平将門、平貞盛、平清盛、源頼義、八幡太郎・源義家、新羅三郎・義光、武田義清と続く武家の台頭となった関東武士のルーツが常陸国にあったのである。

この時代、常陸国には都から多くの高僧が入り活動している。法輪僧正が雨引山楽法寺を開基したのが五八七（用明天皇二）年であるが、その後、筑波山麓には、最澄と三一実諍論で論争し、空海と密教疑義論争を繰り広げた徳一上人（東大寺徳一）が平安初期に今の筑波山神社となる筑波山知足院中善寺を建立し、同じころ慈覚大師円仁が筑波山麓真壁の地に千妙寺を開基している。

さらに一二五二（建長四）年には筑波連山の広大な寺域を有していた宝匩山《ほうきょうざん》極楽寺で大和西大寺の律僧忍性《りっそうにんしょう》が一〇年にわたり、らい病患者の施設を作るなど幅広い社会活動をしている。北畠親房が小田氏の小田城に身を寄せたのも小田城近くの極楽寺の僧兵たちを頼ったとの説もある。現在、この筑波山の極楽寺は廃仏毀釈のために五輪塔などが残るだけである。鎌倉の極楽寺も忍性が建立したとされる。

一二二四（貞応三）年には笠間の稲田郷に親鸞が草庵を構え二〇年以上にわたり関東での布教活動をしている。また一二六三（弘長三）年には、遣唐留学僧から戻り仙台松島の瑞巌寺などを中興した法身国士（真壁平四郎）が故郷の真壁の伝正院に戻っている。徳一上人は藤原不比等の孫の藤原仲麻呂の一一男であり、藤原鎌足の末裔となる。また法身国士（真壁平四郎）は安倍晴明と同じ猫島の高松家を生家とする。

関東武士の台頭とともに仏教の高僧が常陸国入りをしていたのはなぜなのか。それよりもはるか昔の五八七（用明天皇二）年に中国・梁国から来た法輪僧正がなぜ雨引山楽法寺を開基したのか、それから五八年後に、中臣鎌足による大化の改新はなぜ起きたのか。なぜ、筑波山麓の地に、安倍晴明生誕伝説が残り、なぜ平将門の乱は起きたのか。そしてなぜ桓武平氏、清和源氏のルーツがこの地に生れ、関東武士が出現したのか。その源流は肥沃な常陸国と内海の香取の海、中国との文化技術交流、筑波山と霞ヶ浦の原風景が生み出したものに違いない。それらの精神風土は、幕末の水戸学の精神となり近代日本国の源流となったのであろう。

## 2　陰陽師・安倍晴明伝奇と法身禅師・真壁平四郎

筑波山麓の筑西市猫島には不思議な言い伝えがある。安倍晴明の生家とされる旧家があるのだ。陰陽師・安倍晴明は果たしてどこから来たのか。実在の人物なのか。真相はわからない。今から約一一〇〇年前の九二一（延喜二一）年に摂津国阿倍野（大阪市阿倍野区）で生まれたとされる説が有力だが、奈良県桜井市安倍とする伝承のほか、東国の常陸国の筑波山麓の西の旧真壁郡明野町猫島と、もう一つ筑波山麓東南の八郷町吉生も生誕の地と伝わる。また讃岐国香川郡由佐とする説もある。が、いずれも定かではない。

安倍晴明が九二一（延喜二一）年二月二一日に生まれ、一〇〇五年一〇月三一日に八四歳で没したことは伝承に共通しているが、これも説である。ちなみに常陸国の安倍晴明生誕の猫嶋近くに平将門所縁の史跡が多数ある。平将門の生誕は不詳とされるが、室町後期成立の『応仁記』（宮内庁書陵部蔵）によれば八八九（寛平元）年生まれ、死没は九四〇（天慶三）年とあり、安倍晴明と二〇年近くは時代が重複していたと想定され、安倍晴明と平将門と交流があったのかなかったのか、万葉浪漫のドラマが一変する可能性もある。

陰陽師・安倍晴明に関しては、平安時代後期の『大鏡』、『今昔物語集』、『平家物語』、鎌倉時代の『宇治拾遺物語』『古今著聞集』など多くの歴史書、説話集に表され、さらに江戸時代になると歌舞伎や人形浄瑠璃でも取り上げられてくる。最近では、野村萬斎の現代能『陰陽師　安倍晴明～晴明　隠された謎…』がある。また荒俣宏の『唐草物語』、夢枕獏の『陰陽師』、さらには三島由紀夫の『花山院』などがある。いずれも安倍晴明の出自を狐の化身「葛の葉」伝説に求めている。

茨城県の旧明野猫島の旧家高松家は陰陽師・安倍晴明の生誕の家とされ、今なおうっそうと茂る大きな木立に囲まれた、往時をしのばせる旧家の大きな屋敷である。一七一一（宝永八）年に書かれたとされる『晴明伝奇』の版木が残され、金属のケースに入れて大切に保管されている。晴明伝記は、慶長年間（一五九六～一六一五）に成立したとされ、『簠簋内伝金烏玉兎集《ほきないでんきんうぎょくとしゅう》』の注釈書『簠簋抄《ほきしょう》』（作者不詳）の「由来」が晴明伝記となっており、「聞耳」「狐女房」などの民話も取り入れられている。

また高松家の敷地内には、晴明の先祖とされる阿倍仲麻呂を祭る八幡大菩薩と、晴明の母である信田（信太）姫を祭る稲荷大明神があり、その前には晴明の家紋「五芒星」を模った五角の星型の湧水の池がある。「五芒星」は陰陽道の魔除けの呪符であり、メソポタミア、バビロニア、エジプトなどでは正5／2角形とされる神秘的な幾何学模様である。また、高松家から北西の方向八〇〇メートほどの所に「安倍晴明生誕の地」とする小公園があり、「元晴明橋石」の碑が立っている。正面に筑波山を望み、万葉の常陸国の田園風景がそのまま残る小空間だ。

その安倍晴明の先祖にあたる阿倍仲麻呂の息子に、吉備真備が唐から持ち帰った「秘書」を届けたとの異説がある。七一七（養老元年）年、吉備真備は第八次遣唐使船で阿倍仲麻呂とともに唐留学生として唐に派遣された。一六年後に唐から日本に帰国した吉備真備は、筑波山麓の阿倍仲麻呂一族を訪ね、仲麻呂に託された中国の陰陽道の秘伝書「金烏玉《きんうぎょくと》兎集《しゅう》」を届けたと伝えられている。藤原不比等からの「金烏玉兎集」を持ち帰るようにとの勅命を、阿倍仲麻呂が無視して帰国しないことに怒った大和朝廷から所領をはく奪された仲麻呂一族は、この筑波山麓に移り住んでいたとされる。仲麻呂は自ら帰国しなかったのではなく、帰国する舟が難破し、九死に一生を得て安南（今のベトナム）に漂着し、その後、時の玄宗皇帝に遇され留め置かれたのである。

李白の阿倍仲麻呂との別れを惜しむ漢詩「晁卿衡を哭す」はあまりに有名である。

なぜ、仲麻呂一族が筑波山麓に移り住んだとされるかは不明であるが、第八次遣唐使船で副使（大使に次ぐナンバー三）を務めた藤原宇合が唐から帰国後の七一九（養老三）年から七三七（天平九）年まで常陸国司の任にあり、吉備真備が帰国後の七三四（天平六）年に藤原宇合に帰国報告をするため常陸国を訪れた可能性は容易に想像がつく。

また、宇合の父・藤原不比等は七二〇（養老四）年に病死しているが、生前の不比等が仲麻呂に託した『金烏玉兎集』が届かないことに不信感を抱いていたとすれば、不比等没後も阿倍仲麻呂帰国せずの状況に、時の大和朝廷中枢の不比等の長男で後継者の藤原武智麻呂あたりの不興を被ったのであろうことも想定される。そのために第八次遣唐使船で一緒に唐に渡り、仲麻呂をよく知る不比等の三男藤原宇合が仲麻呂一族を常陸国に受け入れたのかもしれない。

五八七（用明天皇二）年に中国人僧侶により開基された雨引山楽法寺の麓に「阿部田」という地名があり、安倍晴明の生家とされる高松家までも数キロのところになる。阿倍仲麻呂一族が移り住んだ場所と想起することには無理があるだろうか。

この地は現在の桜川市真壁であるが、旧真壁郡大和村である。近くには推古天皇、聖武天皇、光明皇后、嵯峨天皇が帰依した勅願寺の雨引山楽法寺や大国玉神社、后神社がある。后神社とは、この地が平将門の正妻の出生地であり、「三門」や「木崎」の字名が残り、古くは三門は「御門」「帝」と書かれ、木崎は「后」と書かれていたとされ、将門が「新皇」を称したことからついた地名と言われる。

また、この地には桜川を挟んで東側に将門と敵対した源護の領地、南側の石田地区（旧明野町）に最大の敵・平国香の本拠地があったされる。このためこの大和村こそが「将門の乱」の戦いの火ぶたが切って降ろされた土地といえ、大和村には将門関係の伝説や遺跡が多く残されている。将門の墓と伝えられる五輪塔と后神社さらに言い伝えの将門の館跡地や大国玉神社が残されている。さらに安倍晴明の生家とされる猫島の高松家も極めて至近距離に存在する。

安倍晴明がこの地で実在していたとすれば、平将門の没する一九年前の九二一（延喜二一）年に生まれており、幼少期に平将門の権勢ぶりを近くで見ていたか、何らかのふれ合いがなかったか、想像することは余りに無謀であろうか。法輪独守居士、藤原鎌足、光明皇后、藤原宇合、阿部仲麻呂、吉備真備、安倍晴明、平将門と歴史上の人物の点が時空を超えて線となり、線を糸をつむぐように織り込むと、新たな幽玄の世界が現出することは事実である。

また、桜川市には謡曲「桜川」で有名な桜川の桜がある。日向国の少年を探して母親が狂女となり東国へ旅立ち、少年と再会し母は狂乱から覚め、二人で日向に帰るという物語であり、この謡曲「桜川」は、現在でも観世、室生、金春、金剛、喜多の五流により春の能舞台で演じられている。この謡曲のストーリーが、安倍晴明の生誕と母の信太姫の物語と酷似していることは、果たして偶然だけなのだろうか。桜川の桜は、「西の吉野、東の桜川」と称されるほどであり、筑波山麓の山肌の山桜は清楚でありながら壮観ですらある。

いずれにせよ、雨引山楽法寺、『常陸国風土記』、安倍晴明、平将門が織りなした常陸国の万葉絵巻は時空を超えて人間のドラマを伝えてくれる。吉備真備が伝えたとされる中国の秘伝書『金烏玉兎集』もまた、一二一九（承久元）年頃、都から晴月という人物が高松家を訪ね書き記した縁起とされ、必ずしも安倍晴明の生誕を証明するものではない創作であるとされているが、高松家に八〇〇年にもわたり伝承、保管されていることは事実である。『常陸国風土記』など地誌は客観的な情報を伝えてくれるが、これも「言い伝え」、「古老曰く」などの表現があり、完全な記録ではない。『古事記』『日本書紀』『大鏡』『今昔物語』なども編者による一種創作であり、高松家の『晴明伝記』も八〇〇年前の創作として楽しめばよいのである。八〇〇年前に伝えられ、四〇〇年前に修復された貴重な「物語」である。

さて『晴明伝記』の伝えるところでは、その秘伝書『金烏玉兎集』を手渡した少年が仲麻呂の子の満月丸で、二〇〇年後に登場する安倍晴明の先祖と言われる。筑波山麓の東と西には安倍晴明生誕の家と伝えられる旧家が二軒現存している。想像を超えた歴史の織り成す不思議な物語である。

晴月という人物が書き記した縁起とされる高松家に伝わる『晴明伝記　猫島邑　高松市右衛門』（原文読み下し）を以下に紹介する。

常陸の国真壁猫島と云う所に天文司郎安倍博士吉備後胤（吉備の子孫）晴明之旧地有り

一、八幡大菩薩　宝祠一字

宰相安倍仲磨呂霊神を祭る、晴明が祖先也

一、稲荷大明神　宮殿一字

和泉国信田明神　すなわち晴明　御母信田姫也

一、随心水の五角の井戸　壱つ

晴明、鹿島にて婆伽羅龍王よりむすび得たる水也。

如何なる早魃にも渇する事なし。しかしながら清浄にして人の願にしたがい感応する事、水の器に髄うごとくなればなずけて髄水心と言う。

晴明五角の印☆この井を表せり。この水を飲む人眼前のしるし有り。

弐町北方に晴明橋　壱つ

農人往来の石橋也。先年晴明かけたりと云う。如何なる洪水にもこの橋水の越える事見たる人なし。今に晴明橋と云う。

つらつらもって　履歴を尋ねるに豊秋津嶋はこと異国九夷の中の随一に当たれり。しかるに依て我が国は晨旦国の幕下たるにより仁王三十九代天智天皇の御代以来大唐へ官物を贈る、その後の遣唐使軽大臣《かるのだいじん》なり。

宰相安倍仲磨呂が厳親《げんしん》なり。船に進貢船と額を打ち、三種の官物《みつぎもの》を積む。

太刀百腰　　扇子五百本　　馬数百匹

しかるに官物不少成る罪により無言の薬を飲ましめ、その身を彩《いろど》り頭に火を燃《とぼ》し灯台鬼《とうだいき》と号して支那の人のもの笑いにして、更に帰朝を許されず。同四十四代元正天皇の靈亀元年（七一五）に吉備大臣遣唐使

靈亀元年（七一五）乙夘より宝永八年（一七一一）辛夘まで九百八十七年なり。ここに軽大臣が嫡男安倍仲丸、慈父の由来不審《おぼつか》なく、同二年に入唐す。

一書に、仲丸遣唐使とあれどもあやまりなり。ただ父に逢わんための入唐なり。明州の津にて詠ぜし一首、小倉の色紙に入る。

天野原ふりさけみれば春日なる　三笠の山にいでし月かも

父大臣相見て悲泣の余り指を噛み切り血を以って七言八句の詩を書して曰く。

我元日本花京客
汝是一家同性人
為子為父前世契
隔山隔海哀情辛
経年流涙逢菖宿
逐日馳思蘭菊口
形破他郷作灯台鬼
争帰旧里寄斯身

茲仲丸の悲泣の和する有り。親子ともに天涯の恨みを吟じ滄浪に落つ心地して、等閑《なおざり》に日を渡る。終に異域にして親子供に卒す。

我朝光仁皇の宝亀九年（七七八）に当たれり。宝永八年（一七一一）辛卯まで九百三十三年に成る。左侍弁、仲丸が歌ともに同じく直筆我朝に渡り吉備大臣是を得てその後常州真壁郡猫嶋仲丸の末孫に伝置、その後八幡の宮内に納置くに乱世の砌《みぎり》焼失なりと言う。

吉備大臣晨旦国に留められ吉備が智謀《ちぼう》をはかって殺すべき由君臣心を一にす。然に我朝は小国なれども人の才智賢く窮鼠却て猫をかみ闘雀人を恐れずとはこの事成るべし。吉備が手柄の事、野馬台の抄に委悉に有。

吉備が才智上聞に達し則先月の罪を赦され終に二十年を経て仁王四十五代聖武天皇天七年（七三五）帰朝なり左大臣に任ぜられ□此の時孝子十哲の像を納める日□に渡し筑紫の太宰府に□□り天平七年より宝永八年辛卯まで八百六十四年に成る。

その後吉備公在唐の日仲磨呂が慈恵にあずかりし事有りて、我此の恩を報ぜずんば何日を期せんと、伝来の宝書を伝えん者は仲丸が末葉《いつしう》には如《しか》じと。少目睡《すこしまどろみ》たる夢に汝のぞむ所の者東天の和歌の山下に有るべしと云々。

吉備公其の事考えるに和歌の山下とは常陸の筑波根真壁郡を尋ね見るに何国よりか猫子数千匹あつまり吉備大臣の前後左右を取り囲んで公一足もすすむべき所もなし。大臣不思議に見る所にその里の童子ども□多《あまた》来るを見侍るに数千の猫子忽しに在所《あるところ》なし。

是よりその里の在名として猫嶋村といえり、吉備此の童共を見れば尋常《よのつね》ならぬ天性の童子一人あり、此の故《ゆえ》を聞けば、母は信田姫、顔容《ようぼう》人に勝、優にやさしき女郎の留まる宿もなく往来す。漠に先年入唐せし安倍の仲丸が末孫今民間に降《くだ》って在《あり》けるが、彼女郎を留め置く末如何ならんと見る内に三才の暮れ程に一首の歌を詠じ置き、その身は見えず成りにけり。その女郎の忘れ形見の童子なりと云々。

歌曰《うたにいわ》く

恋しくば　尋ね来て見よ　和泉成る
　しの田の森の　うらみ葛の葉

その後童子成人の後、和泉国に尋ね見れば信田明神にてぞ有りけり。大臣此詞を聞き、是正神明の告げ成るべしと。此の所に逗留して童子に右伝来の陰陽の宝書を伝え置く。同一紙の証文を添置きて終に帰国ありけり

此の童子本性さとくして一を聞いて十を知るの才有り。成長の後鹿島にて婆伽羅龍王より烏薬《うやく》ヲ得て諸鳥の囀りを聞き、都に登り天皇の御殿にて不思議の占い有りし故四位に伍せられ、折節三月の節なれば晴明とぞ号せられける。援に文天文暦道に達したる□□の□□□云。博士□□。先年

入唐せし吉備公が末孫也。是がために弟子となり天文道を相伝し、陰陽博士安倍の晴明と名乗りけり。是より以来陰陽の博士加茂・安倍と両道に相分たうと云々。

その後叡山坂本に居住せり。入唐帰朝の後は大和国宇田郡に住□。それより里の名として安倍と云う所あり。

此の安倍に晴明在唐の日念じたる本尊文殊菩薩を白道上人持ち来りて安置せり。文殊堂の少山おくに岩穴有り。晴明伝来の陰陽の宝書を納めたる石柩有り。それより一町程西に道満が墓所あり。

その後仁王六十五代花山院の御宇寛和の頃茲常陸国猫嶋に来たり里人に告げたまわく。此の所に随心水あらん限り両社の神の御めぐみ、我等が遺跡末代まで伝えんと。益加持し給ふゆえ、水のきとく尚深く、是を念じて飲みたる者願は忽ち成就し煩は万病に治癒となり七難を除き、七福を生むが不思議の水なり。その後晴明村落往来して終に都へ登ると云々。是によって常陸国に晴明が名誉のしるしども所々にあり。

此縁起は承久元年（一二一九）の頃都より晴月と云う人此遺跡を尋ね来たり、かくのごとくの縁起を書きしるし、八幡の室内に納め置き、その行方をしるすと云い伝えたり。定而化身の者にてぞあらん。然所に乱世の砌《みぎり》右の縁起も焼失せり云々。

明野の猫島の高松家と別に、筑波山を挟んだ八郷の旧家・本圖家《もとず》も安倍晴明の生誕の地と伝わる。本圖家も立派な風格の庄屋門の旧家であり、隣接地に晴明神社を建立し、晴明と母親を祭っている。当時の生活を著した文献によれば、生まれた幼子は母親の実家で育てられていたとあるから、高松家か本圖家が母親の実家だった可能性は考えられる。筑波山麓の八郷地区には帰化した中国人が居住したと言われており、幼い安倍晴明は自然に中国語に親しんでおり中国語の理解が早かったと言われる。雨引山楽法寺を開基した法輪独守が帰化した雨引山とも近いことから、その子孫たちが住んでいたとも想定され、この地では中国語は日常生活に生きていたと思われる。

室町時代に世阿弥元清の作とされる謡曲・桜川は、茨城県岩瀬の鍬柄山を源流として雨引山楽法寺近くを流れ霞ヶ浦に注ぐ桜川が舞台とされる。この桜川の物語は、どこか安倍晴明を探した信太姫の物語とダブルが、世阿弥元清が謡曲のモチーフにしたと推察することは言い過ぎだろうか。

原作吉田喜重、脚本補綴・振付藤間勘十郎、演出野村萬斎の現代能『陰陽師 安倍晴明～晴明隠された謎…』を観ると世阿弥元重の謡曲・桜川と同じ物語の舞台に見えるが、素人の錯覚だろうか。

「西の吉野、東の桜川」と讃えられる桜川の山桜は京都嵐山に移植されたとの説があり、さらに奈良公園の鹿は鹿島神宮から移されたとか、京都下賀茂神社境内参道に並ぶ石灯籠は笠間藩主の笠間時朝が寄贈したとか、この地域と都を結ぶ物語は多数あるから不思議である。

さらにこの高松家は、鎌倉時代に宮城県松島の瑞巌寺を建立した法身性西禅師（俗名・真壁平四郎）の生家ともされている。この真壁平四郎は、一一八九（文治五）年に高松家で生まれ、四五歳の時に高野山で出家し修行、その後中国浙江省天台山の径山寺の無準師範のもとで修業、九年後に帰国、時の執権北条時頼の願いで仙台松島に赴き瑞巌寺を中興させた名僧である。松島の瑞巌寺は、比叡山延暦寺の第三代座主人の慈覚大師円仁が開基している。

また、慈覚大師は茨城県筑西市黒子の千妙寺も開基しているが、この千妙寺は、筑波山麓の上野（現明野町赤浜）で八三四（天長一一）年に永和寺として創建され、その後、堂宇が平将門の乱で焼失し、一三五一（正平六）年現在の黒子に移っている。真壁平四郎が浙江省の天台山の径山寺で僧留学修業したきっかけは、平四郎の生家近くの赤浜の永和寺の円仁伝承がきっかけであったのかもしれない。中国浙江省天台山の径山寺は、慈覚大師円仁の師匠・最澄が修業したところであり、当時多くの修行僧が天台山の径山寺で修業しており、その影響を受けて平四郎もまた天台山に向かったのかもしれない。平四郎が帰国後、松島の瑞巌寺を中興したことも円仁権僧正の言い伝えがあったからと考察できるだろう。

また真壁平四郎は中国語に堪能なバイリンガルであり、なぜ遣唐使として中国に渡ったのか。一つの説がある。平四郎は、大昔に筑波山麓に帰化した中国人の集落で幼児のころから中国語に親しみ、バイリンガルであったことから中国の寺院での修行で秀でた能力を発揮したと言われている。

この真壁平四郎と安倍晴明の生家がなぜ同じなのかは謎であるが、安倍晴明が阿倍仲麻呂の子孫であるとする説と何らかの関係があるのではないかと類推される。

## 3　常陸国は東国武士のルーツ——将門そして清盛まで

常陸国は平家と源氏が混在していた東国武士のルーツの地である。

桓武平氏につながる平清盛や北条早雲などは、常陸国の大掾平氏をルーツとし、桓武天皇の五世子孫の平国香の末裔である。一方、常陸国の北部地域は清和源氏をルーツとする佐竹氏が永く君臨し、甲斐武田の発祥の地でもある。徳川家康が水戸徳川を水戸に配置するまで、基本的には水戸から北部地域は清和源氏一族の佐竹氏、筑波山から西の地域は大掾平氏一族が支配しており、源氏一族と平氏一族は時に婚姻関係で融和しながら、時には激しく領土をめぐり戦ってきた。

豊臣政権の六大将と言われた佐竹氏の一九代の佐竹義宣の時代になると大掾平氏を滅ぼし、佐竹氏が常陸国を掌握している。平安時代あるいは鎌倉時代から南北朝時代、室町、戦国時代にかけて、清盛、頼朝、足利尊氏、秀吉など中央政治の勢力図の変化に翻弄されながら常陸国の南北の勢力は戦いを繰り返し、栄枯盛衰、多くの氏族が滅亡するか、帰農して歴史の表舞台から姿を消している。

その南北勢力の激突の最前線は、どうやら地政学的には筑波山の北側の笠間と宍戸がその主戦場であったと思われる。笠間と石岡にまたがる難台山の難台城が南朝方、宍戸城が北朝方であったとの記録もある。鎌倉幕府、室町幕府と一五世紀初頭以降、常陸国をはじめとする東国は地域の領主の反乱に明け暮れており、東国の武将たちを制圧しないと天下統一は不可能であった。徳川家康が江戸に幕府を開設し、徳川御三家の水戸徳川を常陸国に配置したことも戦略的に当然のことである。特に、大きな勢力と財力を有する佐竹氏は家康にとり厄介な存在であり、東北に控える伊達の存在も脅威であるため、水戸徳川をその最前線に置いたのであろう。この地政学的戦略は、遠い昔に、鹿島神宮と香取神宮を配置したのと同じ構図である。

ここで余談であるが、筑波山麓の真壁城は江戸時代に赤穂浪士の浅野家が城主を務め、その後、隣接する笠間城の城主となるが、浅野家は更に赤穂に移封となり、かの有名な吉良上野介との殿中事件に見舞われている。笠間の城のあった佐白山の麓には、現在でも大石内蔵助邸宅跡地が残されており、ささやかではあるが討ち入りの日には、赤穂浪士をしのぶ行事が行われている。浅野家にもまた、常陸国に流れる「反骨」の精神があったのであろう。

「将門の乱」で将門に討たれた平国香は常陸国の筑波山西麓、今の筑西市（真壁）東石田を拠点としていたが、その後、将門を破った国香の長男・貞盛の大掾平氏一族は平将門の乱の後に京都に移った伊勢平氏と言われている。

「将門の乱」は、一族同士の私怨がもたらした争いと矮小化して語られているが、源平合戦や関ヶ原にも匹敵する天下分け目の覇権争いであったとみるべきかもしれない。

京の朝廷をも巻き込んだ争いであり、東国武士の台頭の兆しでもあった。将門も、後の清盛も同じ桓武天皇の末裔であり高望王子孫である。武士による治世を求めていたのだろう。

この将門も清盛も時代の革命児である。歴史的には憎まれ、悪人との評価が独り歩きしているが別な評価もある。『将門記』によれば、将門は「素より困っている人を助け、頼まれれば協力を惜しまない人望のある人」とある。また清盛は『十訓抄』によれば「物静かな人であり、身分の低い人でもその縁者の前では一人の人格を持った人間として扱い、その者が大変面目をほどこした」とある。

現代の我々はテレビや映画で見せられた将門や清盛像が染みついているが、後世勝手に作り出された人物像に過ぎない。むしろ二人の真実の姿は水戸黄門の徳川光圀に通じる厳しさと民を思う心があり、これまで巷に流布されてきた人物像とは別な側面を持っていたのかもしれない。

将門に至っては千代田区大手町の首塚だけが今なお怨霊として祀られているが、何故なのか。確かに、将門塚に隣接する三井物産はイラン革命、さらにイラン・イラク戦争の勃発でＩＪＣＰの事業継続が困難となり巨額の損失を出して将門の祟りとまことしやかに噂されたことがある。また、同じく将門塚を背にして隣接していた当時の日本長期信用銀行では将門塚に尻を向けて座る部長が相次いで病死、変死したため将門の祟りと恐れられていた。日本長期信用銀行は、その後、此の大手町の本店ビルから内幸町に新ビルを建てて移転したが、結局、一九九八（平成一〇）年に経営破綻していることから怨霊伝説がつい最近までひそかに語られていたのである。なぜ、一〇八〇（承暦四）年も前に斬首された将門が今日でも恐れられるのか、時空を超えたミステリーである。高層ビルラッシュで、大手町の摩天楼のど真ん中に残された将門塚は、神田明神に祀られて東日本大震災、新型コロナの襲来など天変地異を鎮めるかのように静かに時代の変異を見つめている。

「野人政治家」風見章の生まれた水海道（現常総市）周辺には、将門ゆかりの史跡が多数残る。

平清盛の長男、重盛の墓所は茨城県旧石塚村（今の城里町）の小松寺に弔われている。小松寺は七四五（天平一七）年に行基によって開山され、源平合戦で敗れた平家の貞義が高野山から重盛の遺骨をもってこの地に落ちのび、常陸の大掾平氏の大掾義幹を頼り小松寺に葬ったとされる。徳川斉昭はこの寺を訪れ、「みやこより　引きし小松の　墓なれば　千歳の末ものころとぞ見ゆ」と詠んでいる。

『常陸国風土記』、『日本書紀』以前の記録に留められていないこの地に伝えられる説話や伝承を集積し思いを描いてみると、そこには間違いなく新たに未知の歴史と文化が浮かび上がってくることに驚かされる。

## 4　佐竹氏と甲斐武田の源流は清和源氏

常陸国の北部地域は、東は太平洋、南端は水戸台地、西は八溝山系、北は阿武隈山系に囲まれており、那珂川と久慈川が太平洋に流れ込んでいる。平地が少なく、北上するほど山間部の土地であり、同じ常陸国でも霞ヶ浦と筑波山の西と南側の肥沃な平地とは別世界のようである。海岸線の久慈川から北は徐々にアリス式海岸となり断崖絶壁の光景が広がる。

一九〇三（明治三六）年、東京美術学校設立に尽力した美術史学研究のパイオニアの岡倉天心がアトリエを作り移り住み、横山大観や菱田春草、下村観山、木村武山らを指導した。五浦海岸の六角堂から見る太平洋に砕け散る波浪、岸壁の松の枝は絶景である。岡倉天心は、ボストンの東洋美術館中国日本部長を務め、英語で『茶の本』を著すなど優れた知識人であった。この岡倉天心の六角堂近くの磯原海岸には、北原白秋、西条八十と共に三大童謡詩人の野口雨情の生家があり、太平洋を一望にする景観の地である。雨情の生家から眼前に広がる広大な太平洋を見ていると、「シャボン玉」や「赤い靴」の歌詞がその美しい情景と共に波間に飛んでいくように感じられるほどだ。

かつて那賀郡の高市（今の日立市石名坂・南高野町）から東北に約半里ほどのところに密筑の里

という所があり、東と南は海辺に臨み、アワビ、ウニなどの魚貝類が沢山とれる。また西と北は山と野原に接しているが、椎、櫟、榧、栗などが生え、鹿や猪が住んでおり、山海の珍味に恵まれた土地である。さらに今の日立市十王町の伊勢浜は海藻が生い茂り、麗しい珠玉の碁石が産出される海岸であった。

この地からは、『常陸国風土記』の象徴ともいえる筑波山と霞ヶ浦は見えない。少し高地に上ると、かすかに筑波山の双峰を望むことが出来るが、空気が澄んだ冬場の富士山の印象の方が強いといえる。むしろ阿武隈山系や磐梯山、日光連山の方が身近に感じる土地である。同じ常陸国でありながら、この北部エリアは筑波山の西側及び南側の常陸国平野部とは住民気質が違うように感じられる。地政学的な要素と気候や景観の違いからきているのかもしれない。

常陸国の時代は、この地は基本的に那珂郡、久慈郡、多珂郡の三つのエリアで形成されている。現在の水戸市（涸沼以北）、ひたちなか市、常陸太田市、日立市、高萩市、北茨城市、常陸大宮市、城里町が常陸国北部の地域であり、北の大子町は陸奥国の白川郡になり、西側の城里町と常陸大宮市は下野国と接している。

東は太平洋を臨み、阿武隈山系を挟み、久慈川沿いの平地、さらに西側に八溝山系となる細長い地形にある。阿武隈山系と八溝山系の領内各地には金鉱山が多数あり、佐竹氏は相当量の金を産出し、それが豊臣政権と佐竹氏を強く結びつけたと言われる。一五九八（慶長三）年の『豊臣氏蔵納入目録』では、佐渡金山を有する上杉がトップで、次いで伊達、三番目が常陸国の佐竹氏であったので、豊臣の重鎮の地位を得ていたのだろう。金の産出量が多く、裕福な藩であったことが、徳川家康の警戒心となり、佐竹の突然の秋田移封につながったのかもしれない。

この常陸国北部地域には、平安時代後期から水戸徳川家が水戸城を入るまでの約六〇〇年近くにわたり佐竹氏が君臨していた。

佐竹氏については、徳川家康が江戸に幕府を開いたときに、御三家の水戸徳川が水戸を本拠としたため秋田に移封されたと伝えられてきたが、常陸奥久慈七郷の豪族であった清和源氏の流れとされる佐竹氏がこの地を本拠とし、また平安時代後期から鎌倉時代、南北朝時代、室町時代、戦国時代、安土・桃山時代、関ヶ原の戦い、そして江戸時代と六〇〇年近く常陸国北部に君臨した歴史はどのようなものであったのか興味が尽きない。

現在では、佐竹藩が秋田に移封するときに水戸の美人を秋田に連れて行ってしまったなどと酒席で話題にするぐらいが関の山だ。また、佐竹が清和源氏の流れであるにもかかわらず、古来、久慈川領域の山間部には平家の落人が棲みついたとも語り継がれてきているから不思議である。

基本的には、筑波山の北から水戸の涸沼以北は清和源氏、筑波山から西と南は桓武平氏の勢力圏であったと思われる。

佐竹の領地の下野寄り那珂川上流の桂村（現城里町）には、孝謙天皇と道鏡伝説が残る古い地である。平将門、足利尊氏と共に日本の三悪人の一人とされた弓削道鏡が、孝謙天皇（称徳天皇）崩御後、光仁天皇のときに失脚し下野国薬師寺別当に左遷されている。しかし実際には孝謙天皇が親密な関係にあったとされる道鏡を追って御前山の皇都川傍に移り住んだとする言い伝えが残されているのだ。御前山の御前とは高貴な人・孝謙天皇を指すものであり、皇都川も高貴な人が住んだことを表しており、旧桂村にある御前山は関東の嵐山とも言われる風光明媚な地である。桂村という地名も京都嵐山の所在地名からきているという。

この孝謙天皇は、聖武天皇と光明皇后（藤原不比等の三女）の娘であり、史上六人目の女帝であるが、一人で第四六代孝謙天皇、第四八代称徳天皇と二度天皇に就いている。母親の光明皇后（光明子）は藤原不比等の娘であり、常陸国司の藤原宇合は兄になる。この御前山からは、光明皇后が祈願寺として帰依してきた雨引山楽法寺は二〇数キロのところにあり、道鏡の下野薬師寺のある栃木県南河内町は楽法寺から約二〇キロのところにある。孝謙天皇がこの地と所縁の人物であったことだけは事実である。この桂村は石器時代からの古い集落であり、遺跡や貝塚も多数見つかっている。四〜六世紀には常陸地方は新治、筑波、仲、久慈、高の国があったが、桂村のあった仲国は那珂川から霞ヶ浦に到る広大な地域であったという。

時代が下り、佐竹氏と同族の甲斐武田のルーツも、水戸の北側の那珂川を望む武田大地とする説が近年定着してきており、佐竹氏と甲斐武田にまつわる歴史には興味深いものがある。佐竹氏と甲斐武田のルーツは、清和源氏の一流である河内源氏の二代目・源頼義の三男・源義光（新羅三郎）とされる。源頼義は、平将門を討った桓武平氏嫡流の平貞盛の子孫・平直方の娘婿となり、有名な長男の八幡太郎義家、次男の加茂次郎義綱、三男の新羅三郎義光の三人の息子が生まれている。

この三男の新羅三郎・源義光の長男の義業が常陸佐竹の家祖であり、三男の義清が甲斐武田の家祖である。義光は、一〇八三〜八七（永保三〜七）年に奥羽で起きた後三年の役の武功を立て常陸介に任じられ常陸国に進出する際に、那珂川以南が常陸平氏の支配下にあることから、長男の義業を久慈川流域の常陸国久慈郡佐竹郷（現在の茨城県常陸太田市稲木町周辺）の地に、三男の義清を那珂川北岸の常陸国那賀郡武田郷（今のひたちなか市武田）の地に配置している。このことより義業が「佐竹」を名乗り、中世の常陸国の一大勢力の佐竹氏の流れを作り、また義清が「武田冠者」を名乗り甲斐武田氏の開祖となったのである。

その後、水戸の北に拠点を置いた義清は、武田郷周囲に勢力を及ぼしていた常陸平氏の吉田氏、鹿島神宮の中臣氏との勢力争いから、甲斐国市河庄（現在の山梨県市川箕郷町）に移り、土着して甲斐武田の祖となっている。武田晴信（信玄）は義光から第一九代目、勝頼は第二〇代目にあたる。水戸の北に位置する「勝田」という地名は、武田勝頼にちなんでいると言われる。

一方、佐竹郷に配置した義業とその子昌義は、常陸の有力豪族としての地位を確立していくが、治承・寿永の乱で平家に組みしたことで源頼朝の時代には勢力をそがれ不遇な時代を過ごすことになる。

南北朝時代になると、北朝方の佐竹は常陸国の南朝方武将の小田氏や結城氏と対立し、足利氏に加勢した功績で室町幕府時代には守護職を任じ、鎌倉幕府の重鎮として活躍する。

戦国時代になると、中興の祖の佐竹義舜が常陸北部を制圧し、義舜の曾孫の義重により常陸の大半を勢力下におく戦国大名として飛躍し、領地を拡大する。

さらにその子の義宣に時代には豊臣秀吉の小田原征伐に参陣し、秀吉の太閤検地で常陸五四万五八〇〇石の大名となり、徳川家康、蒲生氏郷、伊達政宗、上杉景勝、宇都宮国綱と共に豊臣六大将と呼ばれるまでになった。

しかし、関ヶ原の戦いでは、中立的な立場をとり静観し、その後、家康追撃の密約を上杉景勝と結んでいたことが露見し、家康から突然、出羽国への国替えが命ぜられ、秋田・仙北へ転封されたとされる。

また、家康が江戸に入る前、佐竹氏は関東を支配する程の力があり、それを目指していたと言われるが、源氏の血筋で常陸国一帯に大きな勢力を有する佐竹氏の存在は家康にとり脅威であり、豊臣政権下でも家康と佐竹氏は鋭く対立していた。このため機先を制して家康が佐竹氏を秋田に移封したとの見方もあるが、真相はわからない。

いずれにせよ、これにより歴史の大きな激変の中で政治力を発揮して生き延びてきた佐竹氏は、平安後期以来六〇〇年近くにわたる先祖伝来の土地を去ったのである。これらの佐竹氏の歴史が身近に語られていない事由には、佐竹氏が秋田に国替えとなった後、佐竹の八幡信仰の八幡神社が水戸徳川によって潰され、特に水戸藩二代藩主・徳川光圀の「八幡つぶし」の宗教政策は激烈であった。徳川によって、常陸国における佐竹の歴史は封印されたのである。

その光圀は、佐竹の本拠のあった常陸太田に隠居所「西山荘」を設け、晩年はそこで『大日本史』の編纂に当たっている。水戸徳川歴代藩主累代の墓はこの隠居所近くの瑞龍山にある。またこの地には、光圀が招いた明の儒学者・朱舜水の墓地もある。朱舜水は、中国・浙江省の天台宗の聖地・天台山近くの余姚の人である。

一方、家康の意思で徳川頼房（初代藩主）が新たに水戸徳川を開いた時には、頼房は家康の末子であったため譜代の家臣が存在せず、漸次、諸士を召し抱え家臣団を形成していくことになる。家臣団の多くを一五八二（天正一〇）年滅亡して水戸近郊に土着していた甲斐武田の遺臣が占めることになり、その数四割以上に及んだのである。

幕末に天狗党の乱の首領となった武田耕雲斎は元武田家臣の末裔で、清和源氏のひとつ河内源氏の傍系の跡部氏の一族であり、斉昭の時代に武田姓を名乗っている。

この武田耕雲斎は、藤田東湖と共に斉昭の過激な尊王攘夷運動を支えた水戸藩の重鎮であるが、天狗党の乱を指導し、東湖の息子の藤田小四郎と共に敦賀で斬首されている。

## 5 北畠親房が著した神皇正統記の影響

水戸光圀の大日本史編纂に大きな影響を与えた北畠親房の『神皇正統記』について触れなければならない。北畠親房は、鎌倉時代から南北朝時代の公卿であり、歴史家である。

北条時行を討伐し鎌倉を制圧した足利尊氏が京都に攻め上がってきたときに、後醍醐天皇の側近として南朝方の楠木正成や新田義貞らとともに足利尊氏と戦い、一旦、尊氏を九州に駆逐する。しかし、その後九州で勢力を盛り返した尊氏の大軍に、迎え撃った義貞・正成の軍勢が敗退し、尊氏が京都を制圧し、後醍醐天皇に退位を迫ったため、親房は南朝方の総司令官として、尊氏が擁立した光明天皇の北朝方に対抗していくことになる。

このため北畠親房は、足利尊氏が征夷大将軍になった一三三五（暦応元）年九月、後醍醐天皇治下の東国での南朝方の勢力拡大のため、結城宗弘や後醍醐天皇の二人の息子の善良親王、宗良親王と伊勢大湊から海路東国に向かうが、途中暴風雨のため、両親王とは離散し、親房の船だけ

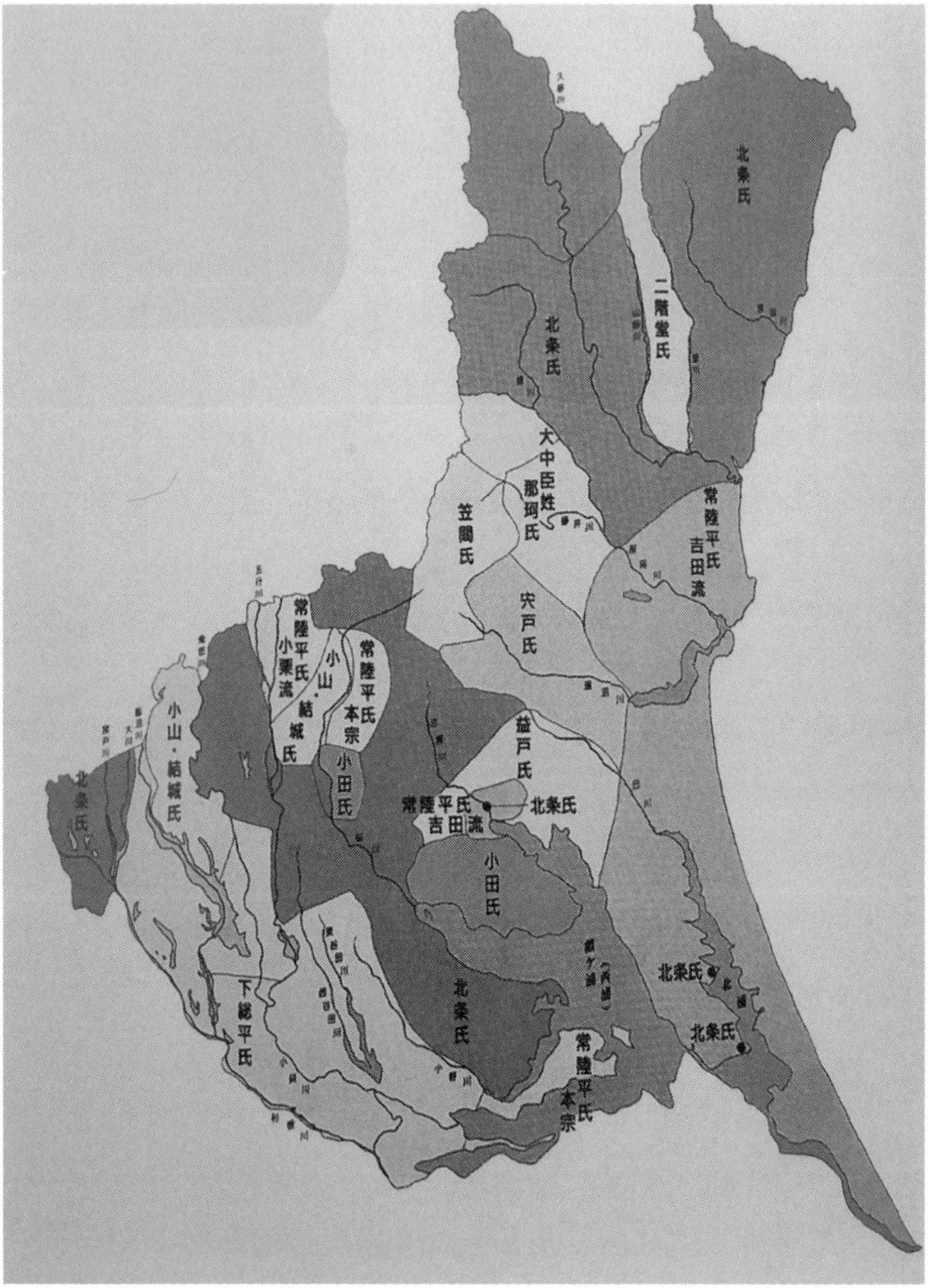


出典：茨城県立歴史館常設図録『茨城の歴史をさぐる』

が房総沖に到達、九十九里浜を北上し、銚子河口から霞ヶ浦に入り、霞ヶ浦の南の東条庄に漂着し、常陸国の南朝方の小田氏の神宮寺城に入ることができた。神宮城は、霞ヶ浦の西岸の浮島を北上した台地にあった。

しかし、常陸国守護は北朝の佐竹義篤であり、親房のいる神宮寺城を鹿島氏など北朝一族で攻撃し落城させたため、親房は霞ヶ浦を船で北上し、筑波山南麓の南朝方の小田治久の小田城（現在のつくば市）にかくまわれることになった。

一三三八（暦応元）年、足利尊氏が高師冬（足利尊氏の家臣）を関東統治のため派遣すると、小田氏に見限られた親房は関宗祐の関城（現在の筑西市）に移り、伊佐氏や下妻氏など常陸国西部の南朝方とともに北朝方に抵抗するも、形勢不利となり一三四三（康永二）年吉野に遁走し、常陸国は北朝方に制圧されている。親房の常陸国滞在は五年で終わり吉野に帰還しているが、『神皇正統記』は親房が籠城した小田城と関城で著されたとされる。

この頃の常陸国は、北朝方と南朝方が混在し勢力は拮抗しており、激しい領地の争奪戦が激化し、まさに動乱の地であった。

基本的に南朝方は霞ヶ浦西岸から筑波山の西のエリアであるが、北部でも瓜連城や那珂西城（今の城里）や笠間の難台山城が南朝方である。西部地区では真壁城や結城城は北朝になる。笠間は宍戸城が北朝、難台山城が南朝と二つの勢力がせめぎ合っていたと思われる。現在の鹿島市や鉾田市、行方市、石岡市などは北朝である。この勢力図は筑波山麓の西南が大掾平氏、水戸から北部が清和源氏の流れをくむ佐竹氏、霞ヶ浦の東の太平洋沿岸が鹿島氏、中臣氏の勢力範囲であった。水戸はこれらの勢力の緩衝地帯となるが、水戸の江戸氏や吉田氏が衰退すると佐竹氏の本拠地となっている。

水戸から北と筑波山の南西では、気質や気風が違うものがあることは間違いない。歴史的な大きな流れと気候風土、景観からくる気質の違いは明治維新以降の常陸国の人々に受け継がれており、常陸国が輩出した気骨ある政治家群像にも、気質の違いが色濃く残されている。

北畠親房が、常陸国小田城滞在中に著した『神皇正統記』は、儒教の影響を受けた思想の書、革命の書として後世の学者・歴史家に大きな影響を与えている慈円の『愚管抄』、新井白石の『読史余論』とともに我が国の三大史論書と言われる名著である。そして山鹿素行、新井白石、頼山陽などの史家のみならず、水戸光圀の『大日本史』、水戸学にも、親房の史論が多大な影響を与え、幕末の尊王攘夷の志士の原動力になっている。水戸がなぜ尊王思想で歴史を衝き起こすことになったのか。北畠親房の『神皇正統記』によってもたらされた歴史の必然なのか。あるいは遠く常陸国誕生の時から醸成されてきた常陸国の精神風土が正統記を受け入れる素地があったのか。なぜ水戸が歴史の起爆剤となったのか。明確な分析は歴史家に委ねるが、少なくとも長い時間をかけて常陸国の人々の資質として受け継がれてきたものであるに違いない。

また、徳川御三家の一つとして、水戸は参勤交代を免除され、「将軍職を出さないこと」が定められており、その代わり「もし徳川宗家と朝廷との間に戦が起きたら帝を奉ぜよ」との家訓がある。この家訓により水戸が副将軍の役割を担うとされるが、光圀の『大日本史』が、『神皇正統記』に大きな影響を受けたことにも起因しているのであろう。

## 6　水戸学の源流を培った朱舜水と光圀そして斉昭

常陸国の風土が、幕末の尊王攘夷の志士を輩出し、さらに明治、大正、昭和と気骨の政治家に最も大きな影響を与えたのは、やはり徳川水戸藩の第二代藩主、徳川光圀であろう。光圀は、明が滅亡した時に亡命して長崎に居た明の儒学者朱舜水を三顧の礼で水戸藩に招聘して、自ら弟子になっている。朱舜水は南明の魯王の命を受けて明の再興に奔走するも、志を遂げぬまま、日本の長崎に渡ったとされる。

魯王から朱舜水への「勅書」は水戸の徳川博物館に保存されていることが、二〇一三（平成二五）年九月の日中台の徳川博物館儒学関係資料調査団により三六〇年ぶりに確認された。この魯王から朱舜水への「勅書」の存在を伝えたのは、中国共産党設立にかかわった李大釗の「一九二一年に展示されていた」とする証言であったが、それから一〇〇年後に現認されたのである。上海の明朱舜水記念堂にこの李大釗の設立趣旨文が掲示されている。

光圀の朱舜水招聘の狙いは儒教を重んじ、漢学教育を振興させることにあったと言われる。朱舜水はこの光圀の意を呈して儒学教育を発展させ、儒教と実学・実践を結びつける学風は水戸学の特徴となった。藤田東湖は駒込の朱舜水邸宅跡の祠堂で毎月二日と七日に『小学』と『論語』の講義を続け、朱舜水没後一四五年までその講義を継続させている。

また、九代目藩主の徳川斉昭は、この伝統を藩校の弘道館として実現し、弘道館で復活した水戸学は、多くの幕末の志士に影響を与え明治維新の原動力となる。

以下に、中国の徐興慶先生の『東アジアの視野から見た朱舜水研究』の概要抜粋を紹介する。

朱舜水は中国浙江省余桃の人である。朱舜水は清に滅亡されそうになった祖国の明を救うため、日本の援軍を求めて六回も長崎に渡来、七回目に日本にとどまることになったが、生涯、明の遺臣であることを貫いた人であった。明再興への思いから日本の大名に仕えることはなかった朱舜水が、光圀の招きに応じたのは、光圀の評判が、「賢人学者を大切にし、学問を重んじる」と聞いたからであると言われる。寛文五年七月、朱舜水六六歳、光圀三八歳の時に、小石川の水戸藩邸で二人は対面する。その時の朱舜水の光圀の第一印象は、「態度は礼儀正しく、おっとりしており、言葉は穏やかである」と述懐している。

徳川光圀は水戸徳川の第二代藩主。水戸藩初代藩主・徳川頼房の三男。儒学を奨励し、彰考館を設け『大日本史』を編纂、水戸学の基礎をつくった人である。

光圀は少年期・反抗期は荒くれものであったが、一八歳の時に司馬遷の『史記』伯夷伝を読み大きな感銘を受け、以後学問に打ち込み多くの中国の書物を読破することになる。

光圀没後、三代藩主の綱條は『大日本史』の序文冒頭に、「先人一八歳、伯夷伝を読み、決然として、その高義を慕うあり。」と文を寄せている。先人（光圀）は中国の歴史書『伯夷伝』を読み、急に飛び立つような勢いで、伯夷という人物の謙虚で気高い、義人の姿を心から慕うようになったという。

古い中国の弧竹国（河北省）の国君後継をめぐる兄・伯夷と弟・叔斎の互いに譲り合い、結局二人とも国を逃げ出してしまう『伯夷伝』に衝撃を受け、光圀は兄の頼重を差し置いて、弟の自分が藩主になったこと事の誤りに気づいたのである。実際、光圀は後世になり高松藩主になっていた頼重の息子を世継ぎとし、自分の息子を高松藩主の頼重の世継ぎとして養子に出している。

水戸学の根底を流れる、権力を求めず、謙虚であれとの精神は、この時の光圀の感動と衝撃により確固たる源流になったと思われる。光圀は、小石川藩邸内の後楽園に、得仁堂という祠堂を建立し、伯夷、叔斎の像を立て、生涯この兄弟を尊敬し、恩人と考えていたと言われる。光圀は、日本を愛し中国人を敬慕していたのである。孔子は『論語』のなかで、伯夷・叔斎は「事を憎み人を憎まない人物」と称え、司馬遷は『史記』列伝の冒頭にこの伯夷列伝を置き、『史記』を貫く大テーマの一つとしている。

この光圀の感動と尊敬心が徳川時代を経て、明治維新、戦中、戦後と常陸国の気骨ある、筋が一本通った政治家の精神風土を培ったに違いない。

光圀は、一八歳の時のこの衝撃と感動を契機にとてつもない分量の和漢の書、歴史書を読み漁り、後の『大日本史』編纂の準備を進めていたのである。光圀は和漢の書の調査と収集のため側近の人見卜幽を京都に派遣、卜幽は旧知の冷泉為景所蔵の古書を写し、大日本史編纂の先駆となったと言われる。冷泉為景は林羅山の師の息子であり、和歌、漢学、漢詩に通じた優れた文人であった。この為景は光圀を「武を講じて余力あり、文を学びて琢磨（学問・技芸をみがく）を加ふ」とほめたたえ、光圀の生活ぶりを「古を好む志が深く、和歌の道に励み、和漢の書の収集に努めている。集めた蔵書は、引っ張るのに牛馬が汗をかき、積み上げると家の軒下まで届くらい多い」と光圀の読書量と蔵書、さらに学問に励む姿に感銘している。光圀は全国漫遊したのではなく、中国の歴史書、学術書を読み漁り、歴史と学問の世界に漫遊したのである。

これらの和漢の書で裏打ちされた光圀の高い教養が、朱舜水に水戸でわらじを脱ぐ決断をさせたに違いない。光圀もまた、朱舜水をわが師として迎え、中国の礼節の梗概、儒学の教養のみならず建築技術、農業、地理に関する知識、さらに衣冠裁製等の領域にまで及ぶ膨大な知識を学んでいる。これこそ儒学・実学を志とする朱舜水の影響を受けた「水戸学の源流」といえる。

光圀の人物像に関する京都の国学者・安藤朴翁の興味深い説がある。光圀七〇歳の誕生日直後に光圀の隠居所・西山荘を訪ね、酒、肴のもてなしを受けた感動をその時の紀行文「ひたち帯」に記している。その大意を瀬谷義彦著『水戸の光圀』（茨城新聞刊）から一部引用する。

……その日の光圀の、威厳あるがおっとりしていて、うやうやしく安らかな容貌、長いあごひげに質素な服装は、誠に俗世間の外にあるといった姿だったという。……その帰る道すがら、同伴の息子らに次のように言い聞かせている。

日本には古くから、公家や武家の家々に、達人は多く出ているけれど、文人というと武に力を入れず、武人というとまた文道にうとく、残念だが共に不十分である。いま西山公（光圀）にお目にかかり、梅里先生碑の文章に触れてみると、公の文武両道にわたる才能のいかにも豊かなことに頭が下がる。また公は家来の者たちに親しみ、庶民には恵みをたれ、礼儀に厚く、おごりを拒ぞける。人の諫めに耳を傾け、こびへつらう家来は遠ざける。

古いものを慕い大切にするが、それかといって今を粗末にすることはない。善行の話は聞くが、公の政治には不正なことを聞かない。

明治から昭和期の文芸評論家で水戸学の研究に専念した高須梅渓（本名：高須芳次郎）は、朱舜水の学風について、「朱舜水は朱子学・陽明学・古学などについて、該博な知識を有していたが、彼の中心思想を為すものは、経世実用の学でもあり、それを裏付けてゆくものは史学だった。例えば、『資治通鑑』を非常に愛読したごときは、彼が抽象理論を排して具体的理論を重んじた傾向を明白に示すものである」と言及している。

また朱舜水の思想主張については、「ある時代に陽明学に、またある一時期は朱子学に、それから古学にというふうに推移し、それらの長所を摂取して、彼の独自の見解に起つに至ったのであろう。朱舜水が大義名分を尊重したのも主として、朱子学から来た考証だけとして片付けるのはどうか」と述べ、朱舜水の思想が幅広く独自のものであることに言及している。

朱舜水の思想主張が水戸学に与えた影響については、「その学風が水戸学構成の上に相当な影響を有したことは想察するに難くない。水戸学では大義名分を重んじ、経世実学の学を尊み史学上に特殊の興味を感ずるなど、いずれも朱舜水の学的傾向に似通った一面がある」と考察している。大義名分を重んじる水戸の気風は、高い志を示すものだが、融通が利かない厄介な存在と映るかもしれない。

水戸藩士が主導した桜田門外の変、水戸勤王派が決起した天狗党の乱、さらに加波山事件など確かに猪突猛進、歯止めが利かない側面を否定できないが、正義にもとづき許せないものは許せないのであろう。井伊直弼を城中で面罵した徳川斉昭の所作は、まさに独断の正義心で激した行動であり、自らの立場を窮することになるが、半歩引いて井伊直弼をいかにして大義のために籠絡する策を練ることが、何故できなかったのか。単に水戸の血が騒いだだけなのだろうか。権謀術数をめぐらすことを排し、単刀直入な物言いは朱舜水の朱子学・陽明学・古学により培われた気質なのかもしれない。

光圀自身は、実用、実功を主眼とする朱舜水の学問の優れた点について、「朱先生は真の経済の学問なり、假令曠獏無人の野にて都邑を一つ興起せんに、士農工商それぞれの者を集めざらんには事成就せまじ。然るに先生一人おはせば、恐らく不足なくして都邑成就すべし。先生は詩書礼楽より田畑の耕作、家屋の造様、酒食のことまで、綿密に究得せるなり。」と喝破している。

この実用、実効を尊ぶ考えは、「近代茨城の父」と称えられた自由民権運動の壮士である飯村丈三郎翁の「四恩の説」に通じるものがあると感得する。また、至誠を傾けて朱舜水先生をわが師として尊敬し、謙虚に教えを受けようとした光圀の態度こそ、まさに水戸学の神髄といえるものである。

光圀は朱舜水を賓師として水戸家中屋敷の駒込（今の東京大学農学部の敷地）に屋敷を建てて遇し、学識、徳望の高さを尊敬し、水戸の学者に対する儒学の教授を依頼し、折に触れて意見交換をして、その儒学と実学の気風を取り入れたとされる。史書を編み歴史を振り返ることにより、物事の善悪の行動の指針を説き、『大日本史』の編纂に取り組んでいる。徳川光圀の大日本史編纂事業は、朱舜水の助言もあるが、もともと『常陸国風土記』に触発されたとも考えられる。

光圀が朱舜水を招いたのは、光圀の叔父である尾張藩祖徳川義直が明から帰化した陳元贇を招き製陶法のみならず儒学を学び孔子を祀る聖廟を設けたことに習い、儒教の本国の中国人から直接儒学を学びたいとの熱情からであったと言われる。

朱舜水は様々な知識を日本にもたらしているが、先述したようにその領域は儒学のみならず儒教文化、農業、建築・土木技術、造園、薬学、食文化など衣食住に係るすべての分野に及んでいる。

たとえば後楽園の小石川公園にはアーチ状の歩行橋、円月橋があるが、これも朱舜水の設計した我が国初の石造りアーチ橋である。中国で発案された運河の多い長江に架けられた橋であり、浙江省出身の朱舜水にはなじみの橋梁技術であったと思われる。アーチ形に石を組み込むと強固な力学で支えられる。中国の万里の長城の関にも似たような構造の造りがあるが、この技法は中国古代からの技術なのかもしれない。半円形の橋が川面に映ると見事な満月の形になることから、円月橋、ムーン・ブリッジと言われる。後楽園は、水戸家上屋敷の小石川に初代藩主徳川頼房により創設された大名庭園であり、その後光圀により改修されている。「後楽園」の命名者は朱舜水であり、宋の范仲俺の『兵陽楼記』の「先憂後楽」から名付けたとされる。興味深いところでは、ラーメンもまた朱舜水が日本に伝えた食文化である。

朱舜水は水戸の北、常陸太田市の光圀の隠居所「西山荘」のある瑞龍山に光圀とともに眠る。この西山とは、伯夷と叔斎がこもったという首陽山の別名の聖山とされる。また光圀の別号「梅里」は、光圀が伯夷と同様に尊敬していた春秋時代の呉の泰伯が住んでいた常州府無錫県（現在の江蘇省南部の都市）の梅里の地名からとったとされる。この無錫は、六〜七千年前からの長江文明に属する大運河の古都である。

序文でも触れたが、中国・上海から南に高速で約一時間の地にある松江区には広大な庭園「方塔園」の中に、「明朱舜水記念堂」がある。ここには朱舜水と水戸光圀の座像や『大日本史』の写真が掲示されている。中国の著名な政治家、歴史学者、ジャーナリストの梁啓超は朱舜水記念堂に一文を寄せ、「朱舜水先生と光圀公は、徳川時代という日本の最も安定した二〇〇年を儒教の精神で築いた日中友好交流の礎である」と賛辞している。また、中国共産党の創立に携わった

「聖人」の李大剣も「先哲である朱舜水は、壮年の時、国が破れる惨事に遭い、工夫をして静かに逃げたが、ずっと清の制覇から明の国を再建することを忘れることはなかった。力が尽きても、歴史の潮に逆行しても、この世を離れるまでに控けることもなく、一生懸命に努力し続けた。今、国が衰え、私は痛ましく耐えられなくても、よく先哲への追懐が浮かんできて、先哲の思いを自分の手本として覚悟しています。先哲への思いが出た途端、心が悲しくて絶えません」と、朱舜水先生への追慕の思いをわが身に照らした一文を寄せている。

李大剣は日本亡命時に、河上肇の著作からマルクス主義を知り、傾倒。北京大学で「マルクス学説研究会」を作り、中国におけるマルクス主義運動の先駆となり、上海の陳独秀、長沙の毛沢東らと一九二一年中国共産党を創設し、国共合作を進めたが、一九二七年奉天派の張作霖によって殺害された。

朱舜水記念堂は、朱瞬水の生まれた浙江省余姚市にもあり、一九八三（昭和五八）年には朱舜水没後三〇〇年を記念してこの余姚に日中両国有志により日中文化交流の祖・朱舜水の記念碑が建てられている。浙江省は明の文化の中心地であり、文人や忠義の士が多く輩出した土地柄である。

この朱舜水の儒教思想を中心に国学・私学・神道を結合させた水戸学こそが、吉田松陰や西郷隆盛などの幕末の志士に大きな影響を与え、尊王攘夷派の思想的基盤を築き、明治維新の原動力となったのである。水戸学の大家、藤田東湖のもとには多くの勤王志士が訪れ、風貌の似ている西郷隆盛とは特に親交を深めたとされる。

藤田東湖の遠祖は、平安初期の公卿・文人の小野篁とされる説があるが、必ずしも定説にはなっていない。六歌仙の一人でさる女流歌人の小野小町、王羲之の再来とされた書家・歌人の小野道風は小野篁の孫であり、伝承ではあるが筑波山麓八郷近くの小野の地に地元の人が大切にしている小野小町の墓所がある。

小野篁は、隋の皇帝・煬帝を激怒させたとする聖徳太子の国書「日出処天使」を携えた遣隋使小野妹子の末裔とされる。小野篁自身、遣唐副使に任じられるも遣唐大使・藤原常嗣の道理を無視した上奏に激怒し、遣唐船に乗船を拒否し遣唐副使の役目を蹴ったと言われる。このため嵯峨天皇の怒りを買い隠岐国に流刑になるなど、「野狐」と言われるほど反骨精神旺盛な人であったが、一方で白居易が認める逸材であり、書家としてもすぐれていた。一八八センチの巨漢とされ、たぐいまれなる母親孝行の人であった。藤田東湖が安政の大地震で、母親を助けるため水戸藩邸の下屋敷に戻り、焼け落ちた梁の下で焼死したことは、小野篁の母親孝行を彷彿とさせるものがある。

藤田東湖は一八五五（安政二）年一〇月二日の安政大地震の時に、母親を助けようとして自らも江戸の水戸藩邸で命を落としているが、存命であれば明治新政府で大きな役割を担っていたと伝えられている。西郷隆盛とも肝胆相照らす仲であったと言われ、水戸・弘道館に掲げられている藤田東湖像は西郷隆盛と不思議なほどよく似ている。

しかし、勝海舟は晩年の語録『氷川清話』の中で、藤田東湖を「俺は大嫌いだ。あれは学問もあるし、議論も強く、また剣術も達者で、ひとかど役に立ちそうな男だ」と言いながら、「直接幕府に文句を言わずに、裏で若者を扇動した」と批判している。これは勝海舟の微妙な心境を吐露していると言える。要は、勝海舟にとって藤田東湖の存在が煙たく、苦手であったのであろう。

この海舟の藤田東湖批判となる「若者を扇動した」とは、勤皇の志士への影響力を警戒したとも言える。もとより藤田東湖に表裏などあるはずもない。もし、藤田東湖が存命であれば、無血江戸城開場は困難であったのかもしれない。この海舟の語る藤田東湖像は、水戸っぽの性格を伝えている。

弁も立つ、学問もある、武もある、しかし誤解を招くのである。恐らく、裏で若者を扇動したのではなく、若者に真剣に学問、真理を説いた結果なのであろう。他から見て危険と思わせるところがあり、唯我独尊、他者に対し無警戒であったのであろう。この辺が、水戸人の不器用さであり、あまりに純真なところなのかもしれない。

水戸弘道館に伝わる藤田東湖（彪）の拓本「誠」の句は、豪譚であるが品格のある美しい太字の楷書体で書かれている。「誠」の書に続き「誠者天之道也　誠之者人之道也」とある。これは

「誠は天之道也、之れを誠ならしむるは人の道也」の意である。これが水戸の気風であり、常陸国から水戸徳川を経て熟成された人の世の規範となるべきものである。

幕末の水戸はこの藤田を失ったことで歯止めが利かなくなり、安政の大獄、桜田門外の変、天狗党の乱、藩内の攘夷派と諸生派の激しい内乱と続き、幕末の動乱期に多くの人材が枯渇してしまったのである。いずれも日米修好通商条約を不平等条約と激怒し、単身自らワシントンに乗り込もうとしたと言われる徳川斉昭に起因したこととはいえ、藤田東湖の存在があれば違う道があったのではないかと水戸にとっては悔やまれる事態であった。


第九代藩主にして江戸幕府第一五代将軍徳川慶喜の父、徳川斉昭は水戸光圀と朱舜水の水戸学の精神を結実させ全国最大規模の藩校・弘道館を設立、弘道館で文武を学ぶ藩士の余暇休養の場として、さらに領民と偕《とも》に楽しむ場にしたいとして偕楽園をつくっている。また弘道館に孔子廟を設けると共に、鹿島神宮の分霊を祀る鹿島神社が勧請され、弘道館の教育方針「神儒一致の思想」を具現化している。

「偕楽」とは中国古典『孟子』の一説からとられており、斉昭は「是れ余が衆と楽しみを同じくすることの意なり」と述べているが、水戸学に帰着する斉昭の愛民精神の表れとされている。

一方、斉昭は悪評も高く、同時代の人々の評価は、ほめられたり悪く言われたり、毀誉褒貶相半ば、好評と悪評の両面が半々であったとされる。

老中首座の安倍正弘（福山藩主）は、斉昭を「百獣の王、獅子のようだ」と例えている。怒ったら、その猛々しいこと誰にも出来ないほど激しいと言うのだ。真意のほどは定かではないが、烈しい気性の人物であったことは間違いないのだろう。幕臣の勝海舟は、「水府老公ほど世人の毀誉栄黜（けなしたりほめたり、栄えたりしりぞけられたり）に逢ひ給ひし方は近比これなきにや」（『籬《まがき》の茨《いばら》』）と辛辣な斉昭評を述べている。

司馬遼太郎は著書『最後の将軍――徳川慶喜』で、慶喜の父としての斉昭が、幕末には天下の志士たちから敬慕され、ほとんど神格化されたことを「時勢の異常さがうんだ幻覚の一つ」、と断じている。

しかし「斉昭は、藩政改革に取り組むとともに対外問題を主に幕政にも発言をしている。改革の目標は、富国強兵を最終目的とし、多方面にわたる、かつ長期的視野に立った抜本的なものが多かった。したがって、すぐに成果が表れるものではなく、斉昭自身も藩主一五年間で隠居に追い込まれたため、あまり評価は高くないが、その理想としたところは再評価されるべきであろう。ペリー来航を機に、幕府に請われて海防参与に就任するが、情勢変化のスピードについていけず幕府内でも孤立化、藩内の亀裂も拡大させる結果を招いた。」（茨城県歴史館）――とされる。一方、幕府の海防参与に就いた斉昭は、江戸の防衛用に大砲七四門を造らせ、西洋式軍艦「旭日丸」を建造し、これを江戸幕府に献上するなど打つ手は早かったのである。

斉昭の人物像は複雑怪奇、とうてい一言で語り尽くせるものではない。それは歴史家の戸川残花の「烈公は非凡の人なりと雖も、有徳にして春風の温然たる君にあらず。寧ろ秋霜烈日の国君なり」と評するほど、万事厳しい藩主であったということになる。

また、斉昭没後、天狗党は「自分たちが烈公の遺志を継ぐものと」と主張し、鎮派の諸政党はこれを「君徳を汚すも甚だしい」と非難し、「烈公は素よりかかる乱賊を好み給うべきにあらず」と反発し、天狗党と諸生派がそれぞれ自らが烈公の遺志を継ぐものと主張しているが、いずれも正当であり、むしろ斉昭の中の二つの影像が存在したことの証左でもある。

確かに、斉昭は藩士たちに向けて進むべき方向、人間関係の心得を示した『告志篇』が、藤田小四郎らの筑波挙兵に際し鎮派により弘道館から出版されたが、本書には「家臣が藩主をさしおいて、直接幕府や朝廷に忠勤することを、封建の段階的秩序を乱すもの」として強く戒めた一節がある。これは諸政党が天狗党に対する正当性を示したものであるが、斉昭亡き後、その斉昭の意思をめぐって藩内が真っ二つに割れて激しい抗争を繰り広げたことは水戸にとって自ら自滅したようなものである。

因縁の井伊直弼とは、孝明天皇による密勅問題と日米修好通商条約問題で激しく対決するが、密勅問題では誤解を招いた側面もあり、また日米修好通商条約ではその不平等の内容に激怒したのであり、歴史的な評価は分かれるところである。日米修好通商条約に関しては、不平等を是正するため自らワシントンに乗り込むとして渡米の準備させたとされるが、その直後、一八六〇（万延元）年八月一五日に思いかなわず謹慎中の水戸城下で急逝している。

第一三代将軍の家定の将軍継嗣問題では、家定の従兄弟の紀州藩主慶福（家茂）か、斉昭の息子の慶喜か、二人の候補をめぐり暗闘がなされた。慶福を推したのが彦根藩主井伊直弼ら譜代大名一派の紀州派、一橋慶喜を推したのは福井藩主松平慶永、薩摩藩主島津斉彬など開明的な家門・外様大名などの一橋派であった。外交問題と将軍継嗣問題で、斉昭と井伊直弼の対立は抜き差しならぬ関係になっていたのだ。しかし井伊直弼が大老に就くと情勢は一変し、一八五八（安政五）年六月一九日、井伊直弼らの幕閣は勅許を得ないまま日米修好条約を調印してしまう。これに激怒した斉昭は六月二四日に無断登城し井伊直弼を詰問したが、直弼は翌日、徳川慶福を将軍後継と発表し、七月五日には斉昭を処分、斉昭は駒込藩邸に幽閉されてしまう。しかしこの斉昭の「急度慎」の処分は、将軍の許可なしにはできないにもかかわらず、家定病死の前日の危篤状態で為されており、井伊直弼の独断専行であった可能性が強いとされる。

いずれにせよこの斉昭の水戸人特有の激しやすく直情型の性格が災いしたことは否定できない。

ここでも参謀の藤田東湖を安政の大地震（一八五四年）で失ったことは大きく、斉昭自身、そして水戸藩自体の自壊を招いたと言わざるを得ない。まるで水戸藩の不世出の名官房長官を失ったようなものだ。しかし、斉昭のこれらの欠点と同時に、一八六〇（万延元）年に急逝するまで、幕末の政局の軸の一つを担っていたことは斉昭の存在の大きさを示すものである。また結果として、息子の慶喜が徳川から近代明治への扉を開けた事実は謙虚に見つめなおさなければならない。

斉昭のこれらの評価には、水戸人の気性とされる「さんぽい」が色濃く表れている。水戸人の気性を語る言葉だ。「飽きっぽい」「怒りっぽい」「理屈っぽい」である。言い得て妙であるが、水戸人に冷静、冷淡、冷酷さがあったら明治新政府の様相は違ったものになっていたのかもしれない。肥沃で平坦な土地と海に面し、標高八七六メートルの筑波山以外に高い山が存在しない穏やかな気候風土が醸成した水戸人の根っこにある権謀術数を嫌う気質なのかもしれない。得てして直情型の性格は自己陶酔の傾向強く、他人も同じ価値観と錯誤し、相手の心中を推し量らないところがある。よくも悪くもお人よしとも言える。しかし、『常陸国風土記』から水戸徳川へと静かに息づいてきた正義と誠を貫く気風はいささかなりとも人後に落ちることはない長所でもある。水戸人にとり権力よりも正義と誠が至上の価値観なのである。

この動乱の幕末、水戸学の心を受け継ぎ、全国の尊王攘夷の幕末志士に大きな影響を与えた笠間藩の儒学者がいた。維新の陰の立役者である常陸国笠間藩の儒学者加藤桜老である。

加藤桜老は一八一一（文化八）年に水戸・浜田村の水戸藩士佐藤正祥の子として生まれ、七歳の時に外祖父の笠間藩士加藤信義に預けられ養子になっている。佐藤家はかつて佐竹家の家臣であったが、佐竹藩が移封になった時、秋田に行かずに水戸で帰農し、父正祥の代になって水戸徳川家に仕えている。笠間藩士の加藤家は、笠間藩主に御前講義を行うほどの代々の学者であった。桜老は、笠間藩校時習館で儒学を学び、一八歳の時に藩校時習館の講師に任命され、二〇歳の時に水戸藩の会沢正史斎に師事し、藤田東湖の指導も受けている。さらに、幕府の昌平坂学問所に入り、儒学、雅楽、兵法等幅広く就学をしている。

その後、笠間で隠居所十三山書楼に「詠帰塾」を開き、水戸藩の藤田小四郎や、会津藩の秋月悌次郎、仙台藩の岡鹿門、長州の高杉晋作、薩摩の重野安など全国から多彩な尊王志士が桜老の下に訪れている。特に長州の高杉晋作は二度も笠間を訪れるほど熱心であった。のちに高杉晋作や三条実美が推挙して、長州藩主毛利敬親から笠間藩主牧野貞直に加藤桜老を長州藩の藩校教授として招聘したいとの要請があり、桜老は山口で藩校明倫館教授として指導に当たるとともに、尊王の志士と交流し明治維新の功労者として影響を及ぼしている。

明治新政府では、軍務官御用掛、漢学所御用掛などを歴任し、晩年は教育論を執筆するなど教育に関する論文を多く発表し、国の教育や政治に情熱を燃やし続けたと言われる。

水戸の幕末は、桜田門、天狗党、そして水戸藩内の内乱で多くの有能な人材を失ったが、笠間藩の儒学者加藤桜老が水戸学の神髄を明治新政府に伝え、人材育成に大きな貢献をしている。一八八四（明治一七）年、その生涯を東京湯島新花町で終えたが、この年は、「近代茨城の父」といわれ水戸の気風を近代に伝えた飯村丈三郎が、第六二銀行（現常陽銀行）の頭取に就任した年である。加藤桜老享年七四歳、飯村丈三郎三一歳の時である。桜老と飯村丈三郎が交流していたことは十分想定できる。こうして光圀から朱舜水、そして斉昭、藤田東湖、小四郎、会沢正史斎と脈々と流れた水戸学の精神は、笠間藩の優れた儒学者と自由民権運動の壮士にして近代茨城の父により、幕末の激動期から明治維新の新時代に着実に受け継がれたのである。

そして飯村丈三郎が下妻村黒駒に生まれた一八五三（嘉永六）年から四年後の一八五七（安政四）年に、笠間藩士の娘として生まれたイコン画の女流画家山下りんが笠間からサンクトペテルブルクに渡り、エルミタージュ美術館でイタリア・ルネサンスの息吹に圧倒されて日本に戻ったのである。桜老、飯村、山下りんにより常陸国の中央に位置する笠間と下妻村に光り輝いた明治維新の一瞬の閃光のような歴史の啓示であったのかもしれない。

# 第三章　常陸国の風土が育んだ政治家群像

## 1　幕末維新から大戦前夜・戦後に疾駆した水戸魂の憂国志士列伝

この海と山と肥沃な土地に恵まれた常陸国からは、藤原一族にはじまり、平将門、平国香、貞盛の時代、南北朝・室町時代、豊臣秀吉政権の六大武将の佐竹氏の時代、さらに徳川光圀、斉昭、慶喜と「水戸学の精神」を育んだ歴史を経て、明治維新の近代日本の夜明けから戦前、戦中、戦後を通じて公平無私にして国家観のある気骨の政治家が生まれている。

霞ヶ浦と筑波山を囲むように、飯村丈三郎は真壁郡上妻村黒駒の旧家・名主、風見章は豊田郡水海道高野の旧家、山崎猛は水戸藩士の家柄の出身である。風見章と山崎猛はくしくも大日本帝国憲法が発布された一八八六（明治一九）年生れの同い年である。赤城宗徳は真壁郡上野村（明野町）の代々名主の家、橋本登美三郎は行方郡潮来町の回送問屋、梶山静六は光圀の隠居所のある常陸太田、岩上二郎は久慈川近くの那珂郡瓜連町の生れである。

『常陸国風土記』と気骨ある政治家の足跡は、書き進めるにしたがって明治維新以降、戦中、戦後と歴史のうねりの中で立ち上がった日本人の姿が彷彿として迫ってくるのである。

これらの気骨の政治家に共通する価値観は大きな国家観を持ち、しかし権力欲のない謙虚な誇りある日本人であることだ。「坂の上の雲」を目指すのではなく、坂のとば口に佇む人々に寄り添う「気骨」ある政治家の姿である。天下をとる意欲は必ずしも高くはないが、政治は天下国家、民のために正義と誠を尽くすとする無私の精神こそが要諦であることを肝に銘じている。近くは副将軍として徳川を支えてきた水戸の精神が脈々と受け継がれているのかもしれない。副将軍徳川光圀の精神には、朱舜水から学んだ儒教の精神が根底にあり、民のための治世こそ指導者に与えられた責務であることが脈々と流れている。中国古典で儒教の『中庸』『論語』『孟子』と合わせ四書とされた『大学』の冒頭には、「大学の道は、明徳を明らかにするに在り、民を親田にするに在り、至善に止まるに在り」とある。この朱子学の基本とする思想は、儒家の教えとして光圀にとっては実学そのものであったのである。

弘道館に隣接する水戸市立三の丸小学校の校庭には、二宮尊徳の銅像が立っていたが、二宮尊徳が手にして読んでいたのが、この『大学』である。

明治初期には、水戸徳川から近代国家への架け橋となり、自由民権運動に加わり、板垣退助の立憲自由党で活躍した我が国最初の帝国議会の衆議院議員にして「近代茨城の父」と称せられた飯村丈三郎。明治維新以降の常陸国の政治の源流となった「日本人」である。

戦中から戦後には東条英機の戦争拡大方針に抗し、近衛内閣の内閣書記官長（今の官房長官）を務めた「憂国の野人政治家」風見章。元信濃毎日新聞主筆の言論人である。

旧憲法下最後の衆議院議長として日本国憲法への橋渡しの責務を果たし、混とんとする敗戦直後の政治の闇に抗して、「大義」の見地から自らへの首班指名工作を固辞した山崎猛は水戸の出身で、民主自由党幹事長から第三次吉田内閣で運輸大臣、同改造内閣で経済審議庁長官についている。徳富蘇峰や山本条太郎と親交した知識人である。

第一次岸内閣で農林大臣として、イシコフ・ソ連漁業大臣と激烈な交渉を繰り広げ剛腕を発揮し、ソ連側をして「ミスタークレムリン」（赤い城）と称され、六〇年日米安保では、国会を取り巻いた数万人のデモ隊制圧のため岸信介首相が要請した自衛隊の治安出動を、断固拒否し政治家としての「矜持」を示した第一四代防衛庁長官・赤城宗徳。

佐藤栄作、田中角栄政権の大番頭として、政権を立ち上げ、官房長官、自民党幹事長を務め、「政治の王道」を歩んだ辣腕の政治家・橋本登美三郎。

「農工両全」を御旗に茨城県知事として鹿島開発、筑波万博などで茨城県の中興の祖ともいえる実績を上げ、その後、参議院議員に転じた岩上二郎もいる。敬虔なクリスチャンの紳士である。

京都大学で学び、深い学識豊かな哲学者であり、「公文書館法」の成立に執念を燃やした偉大な政治家であった。今日、国会では文書改ざんはあたりまえ、隠ぺい、破棄、虚偽答弁、黒塗りの書類と文書管理に関わる不祥事は後を絶たないが、岩上が執念を燃やした民主主義の根幹となる「公文書」の保存は、まるで暗黒社会のように今の日本では軽んじられているのである。恐るべき政治の劣化である。温厚な岩上が存命であれば、公文書保存の惨状に激怒し、命を懸けてこれを阻止したに違いない。この人もまた、常陸国の政治に爽やかな良心を示した「気骨の精神」の人であった。

武闘派でならし橋本内閣の官房長官として剛腕を振った梶山静六は水戸の北、水戸光圀の隠居所・西山荘のある常陸太田の出身の元軍人である。

さらに国政進出はかなわなかったが、山口武平という県議会議員にして地元選出国会議員をもひれ伏せさせた剛腕政治家もこの列伝に加えなければならない。要は常陸国・茨城県が輩出した保守本流の政治家列伝のことである。これらの卓越した気骨ある本物の政治家が、どのような政治風土の中で生まれてきたのか考察することにする。

茨城県の中央に位置する双峰の筑波山は東西南北、季節ごとに仰ぎ見る場所で違った山の姿をみせている。これらの気骨ある政治家たちは、それぞれが仰ぎ見た筑波山が幼少期からの原風景として、それぞれの心象風景として刻み込まれ、人格形成に少なからず影響を残したことは想像に難くない。

西方から見る筑波山は朝焼けに黒々と鋭角にそそり立ち、新緑、紅葉の時期にはそれぞれに美しい山肌を見せる。南から見る筑波山は霞ヶ浦の湖上の向こうに穏やかな姿を見せ、湖面のきらめきとの調和が見事である。万葉集にはこの方角から筑波と惜別する都から来た官吏の歌が郷愁を誘う。とりわけ日が沈みゆく山の稜線はくっきりと美しい。北東の水戸方向からは手前の吾国山や難台山、愛宕山の向こうに山頂だけが姿を現しているだけであり、双峰の筑波は連山のひとつでしかない。水戸中心地からは、むしろ阿武隈山系南端と磐梯山、日光連山の冬の雪肌の印象の方が強いかもしれない。冬になると晴れた穏やかな日には、水戸からは筑波山よりも雪をかぶった富士山がくっきりと見える。筑波山の西側・南側と、筑波山の北側の水戸以北では、同じ常陸国であっても原風景と風土が違うのである。

これらの政治家のうち風見章、赤城宗徳、橋本登美三郎は内閣官房長官を務めている。もう一人官房長官には水戸の北、水戸光圀の隠居所「西山荘」のある常陸太田から出た武闘派、剛腕と評された梶山静六もいるが、地元では県議会同期の山口武平に政治家としてのスケールの大きさで軍配が上がる。巷に山口と梶山はライバルではなく同盟関係にあったと言われるが、両者には少なからぬ因縁がある。一九六六（昭和四一）年の県議会の議長選をめぐる黒い霧事件で、山口武平は逮捕されたが、首謀者とも言われた梶山は塚原俊郎総務長官（塚原俊平の父）の手回しで逮捕前夜に逮捕を免れたと言われる。茨城新聞は、「梶山逮捕」を一面トップにした紙面を作り、既に輪転機は回っていたが、圧力に屈し発刊をあきらめる屈辱を味わっている。

後世、金丸信が「無事の橋本、平時の羽田、乱世の小沢、大乱世の梶山」と梶山を「大乱世の梶山」と評したが、山口と梶山の両者をよく知る当時の自民党県連の長老は「国政を担うのは山口。梶山は県政」と評価は違っていた。梶山は、ロッキード事件で逮捕された田中角栄を、府中刑務所の塀の外で出迎えたことが契機となり、田中に取り入り頭角を現し、「武闘派」とか「軍師」などとメディアでの虚像が一人歩きした。

橋本内閣で内閣官房副長官として梶山官房長官と共に官邸にいた社会党代議士の渡辺嘉蔵は、「喧嘩をすると、決まって菓子折り持ってすごすごと部屋に来て関係修復を図ってきた」と梶山の武闘派とは印象を異にする身近な姿を語っている。岐阜の斎藤道三と言われたこの渡辺嘉蔵は一九二六（大正一五）年一月生まれの旧陸軍航空隊特別候補生、梶山静六は同年三月生まれの陸軍航空士官学校卒の陸軍軍曹であり、いずれも県議会議員から国政に出ており互いに似たような境遇にあった。ちなみに菅義偉第九九代総理大臣は、かねてより政治の師匠は梶山静六と標榜している。

県議会の黒い霧事件の顛末から、梶山は山口に負い目があり、山口には終生遠慮していたとも言われる。梶山は、一九六九（昭和四四）年の総選挙で中選挙区時代の塚原俊郎の茨城二区に割り込むように出馬し国政に躍り出る。一方、山口は参議院補欠選挙に自民党公認で出馬も、中村喜四郎（先代）の未亡人の突然の出馬による弔い合戦で一敗地にまみれた。

ボタンは掛け違えたが、その後、県政のドンとして地元に君臨した山口は国会議員を凌駕するほどの権力を思うがままにし、県議でありながら長期にわたり自民党茨城県連会長を務めるともに第六〇代全国都道府県議会会長に就き、長年にわたり茨城県の保守王国を率いたのである。自民党総裁選では、常に大票田の茨城自民党が大きな影響力を持ち、総裁候補は山口詣でが不可欠となるほどだ。山口の出身地の現在の坂東市岩井は、平将門が活躍した拠点でもあり、将門の胴塚が祀られる延命院がある。風貌からすれば周りを圧倒する迫力の山口武平は現代の将門だったのかもしれない。

ここでこの常陸国政治家列伝に加えなければならないもう一人の山口がいる。戦後生まれの現職国会議員である。公明党代表の山口那津男だ。公明党代表として一党を率いて十年余、いわば自公政権の副将軍ともいえる立場にある。将軍にはならないが将軍に意見することが出来るご意見番だ。山口は水戸魂の固まりともいえる強靭な精神の持ち主であり、その忍耐強い頑固一徹ぶりは往時の水戸人を彷彿とさせる。水戸っぽらしく「政界きっての論客」でもある。それでいて沈着冷静、相手の話をよく聞き、分かりやすく丁寧に説明する。幕末の水戸に山口がいたら水戸の歴史も違っていたかもしれないと思わせる説得力と調整力がある。茨城大学附属中学から水戸一高を卒業し、東京大学法学部に学んだ俊才であり、東大卒業後は弁護士の道に進んだが、法曹界の先輩である神崎武法・元公明党初代代表に導かれ政治家の道に進んだ。当時の茨城大学附属中は、水戸の高校進学御三家の一つであり、医師、教師や日立製作所の研究者など良家の子弟が多く、上品な学風であり真面目な生徒が多かった。山口の気品ある「ジェントルマン精神」はこのころ培われたものかもしれない。同中学は藤田幽谷、藤田東湖、藤田小四郎など桜田門や天狗党の志士を祀る常盤共有墓地と回天神社に近接しており、多感な少年期に幕末の水戸の歴史や気風を肌で感じていたに違いない。

この山口那津男は凛とした端正な風貌の紳士であるが、筋を通すことでは他に引けを取らない気骨の人である。政治生命を絶たれたと思われた二度にわたる落選で辛酸をなめたことが、政治家としてその後の山口を変貌させたのだろう。澄んで穏やかな目は、はるかな未来を見据え、曲がったことを許さない政治家として混迷する現在の内外情勢、特に政治の貧困に立ち向かう姿は人々の共感を呼び、国民の多くに安心感を与える政治家である。

特に、平和と福祉をまもり、安易な憲法改正に与しない政治理念は、時に政権の暴走を諫め、安定した政権運営の要となっている。山口が主唱する国民に寄り添い、リアルな声に耳を傾ける草の根ともいえる「現場主義」は、朱舜水や光圀、斉昭にも通じる水戸学の精神であり、誠実で謙虚な姿勢はまさに緊迫する国際情勢、コロナ禍で混迷する時代の転換期に大きな役割を期待されているに違いない。国難ともいえるコロナ禍での緊急事態宣言の際に、閣議決定を覆してまで一律一〇万円給付を決定させた山口の強い信念と行動力こそが、劣化した今の政治で最も必要なことである。

山口が語る、「過ちては改むるに憚ることなかれ」（孔子）、「君子は豹変す」（易経）こそが山口の決断力と胆力を示すものである。慈愛の人である。

旧制水戸高校出身まで広げると、中曽根内閣で官房長官を務めた徳島県出身の後藤田正晴もその気風に水戸学と共感するものがある。内務官僚として警察庁長官まで務めただけに私欲を求めず、中曽根大勲位にもご意見番として物申す、その辣腕ぶりから「カミソリ後藤田」と異名をとった筋金入りの気骨の政治家であった。

水戸魂を受け継ぐ旧制水戸高校出身の政治家には、日中友好協会会長を務めた宇都宮徳馬や社会党構造改革派の論客の安東仁兵衛などがいる。いずれも真っ直ぐな人格者であったという。宇都宮徳馬は参議院議員を二期、衆議院議員を一〇期、さらに日中友好協会会長を務めた他、月刊「軍縮問題資料」を創刊し、軍縮と平和外交を主張した筋金入りの「反骨」「気骨」の人である。

いずれも「剛毅朴訥は仁に近し」（孔子）の生き方を貫いた人々である。「水戸の精神」が維新を切り開き、その後の日本の精神風土を作ったという徳富蘇峰の言葉のままにまっとうな政治にかかわった卓越した人々のことである。

飯村丈三郎、風見章、山崎猛、橋本登美三郎はいずれも鋭敏なジャーナリストでもあった。新聞記者魂を心に秘め、果敢に政治の世界に挑んだのである。その精神の根底には深い慈悲と何ものにも動じない強靭な胆力があった。政治とは、本来、そう言うものだろう。

飯村丈三郎は、自由民権運動、帝国議会を通じて親交していた茨城新聞の創刊者・関戸覚蔵の依頼で、経営に行き詰っていた茨城新聞社の第二代社長として茨城新聞を見事に再建している。実質的な創業者である。

風見章は早稲田大学雄弁会の三羽烏として中野正剛、緒方竹虎と親交を深め、朝日新聞記者から工業之日本社、国際通信社（のちの同盟通信社）を経て信濃毎日新聞主筆として健筆を奮った。

山崎猛は徳富蘇峰の招きで京城日報記者になり、その後、山本条太郎満鉄総裁の要請で大連の満州日報社長を務めている。満州日報は満鉄が発行した日刊紙である。満州国におけるオピニオン紙でもあった。

橋本登美三郎は朝日新聞記者、同南京通信局長、外信部長、東亜部長を歴任した。朝日新聞に入って四年目に、満州の馬賊の頭目・馬占山の本陣に乗り込み、直接インタビュー記事をものにするほどのジャーナリスト魂を持っていた。

その他では葉梨信行元自治大臣の父・葉梨新五郎は立憲政友会の機関紙「中央新聞」、さらに日本電報通信社記者を経て大阪時事新報社長を務めている。

佐藤栄作内閣で総務長官、労働大臣を務めた塚原俊郎は、東京大学文学部を卒業し、同盟通信社に入り、一〇年間記者生活を送っている。

また、同盟通信で欧州特派員、政治部次長、共同通信で解説委員を務めた森元次郎は、一九五六（昭和三一）年の参議院選挙茨城地方区に日本社会党から出馬し当選、連続三期務めている。橋本の後継者の額賀福四郎は産経新聞記者から橋本登美三郎の秘書を経て国政に挑んでいる。

茨城県の戦中戦後の政治家には新聞記者出身が多い。特に旧同盟通信社関係者が、風見章、葉梨信五郎、塚原俊郎、森元次郎の四名を数え、さらに満州国ないし中国大陸駐在経験者が、風見章、山崎猛、橋本登美三郎、葉梨信五郎、塚原俊郎と際立っている。中でも風見章は、近衛内閣の内閣書記官長（今の官房長官）として同盟通信社長の岩永祐吉、国際通信北京支局時代に机を並べていた古野伊之助、朝日新聞編集局長・副社長の緒方竹虎などから蘆溝橋事件で激変しつつある国際情勢に関する様々な助言を得て、当時の東条英機らの陸軍軍部急進派と対峙し、「野人政治家」と言わしめている。これも茨城県の風土が影響しているのかもしれない。古くは大化の改新の首謀者の中臣鎌足、平将門さらに徳川光圀、徳川斉昭以来、伝統的に批判精神が旺盛で、時の権力におもねることが出来ないのが特徴かもしれない。今でいえば、自分を殺してまで忖度が出来ないのである。権謀術数を嫌い、不器用ではあるが道を外すことはない。「私」のために権力を求めないのである。幻の首班指名の山崎猛は熟し柿が落ちようとしているのに食べなかったのであるから不思議である。反骨精神なのか、シャイなのか、恐らくどこかに水戸は副将軍、ご意見番という血脈がしみ込んでいたのだろう。

水戸ではないが、大平正芳内閣の官房長官を務めた会津若松の伊東正義も、大平急逝後、内閣総理大臣臨時代理に就任し、臨時執行内閣を率いたが、後継総理として白羽の矢が当たると、これをきっぱりと断っている。会津魂のなせる凄みである。会津の清貧、気骨の政治家であり、水戸の往時の政治家の頑迷さに通ずるところがあるが、違いがあるとすれば戊辰戦争で惨状を見た会津と内乱で疲弊した水戸、さらに厳しい雪国の気候の会津と肥沃で比較的穏やかな気候の水戸との差異であるのかもしれない。会津の方がより厳しい精神風土の土地であると言える。

ちなみに政治家ではなかったが、日本放送協会会長を務めた海老沢勝二は橋本登美三郎と同じ潮来、日本経済新聞社長・会長を務めた鶴田卓彦は水戸の出身であり、いずれも評価は賛否分かれるが、二人とも相撲協会の横綱審議会委員長を務め、大物マスコミ人として政治家以上に中央政界に大きな影響力があった人物である。

また経済界では、三井不動産会長の江戸英雄が筑波研究学園都市を建設するなど茨城県の発展に寄与し、政界にも大きな影響力を発揮していた。後述するが、橋本登美三郎のロッキード疑獄の裁判では証人として橋本の潔白を主張するなど水戸人、気骨の人でもあった。江戸英雄は茨城県筑波郡作岡村の出身で、下妻中学、旧制水戸高校から東京大学法学部を出て、三井グループの中興の祖と言われた傑物であり、東京ディズニーランドや筑波研究学園都市建設をした戦後屈指のディベロッパーである。文化芸術面での功績も大きく、特に旧制水戸高校の同級生で東京教育大学学長の柴沼直が桐朋学園理事長であった縁から、桐朋学園の音楽科設置に尽力し、桐朋学園のＰＴＡ会長を務めるなど学園の後見人として桐朋学園の総合学園としての発展に寄与している。水戸芸術館の初代館長が吉田秀和（音楽評論家）、二代目館長が小澤征爾であり、水戸と桐朋学園を結びつけたのも江戸英雄の功績なのだろう。江戸英雄の妻は桐朋学園教授・ピアニスト、娘三人も桐朋音楽大学を出た音楽家一家である。筑波山麓の旧作岡村（現つくば市）の江戸の生家は江戸の長兄が後を継ぎ、現在でも旧家の趣きを残し現存している。この江戸の生家は、下妻中学の同窓の風見章や赤城宗徳、詩人の横瀬夜雨の生家にも近く、切り立った筑波山を仰ぎ見て育ったと思われる。平将門が疾駆した土地でもある。

## 2　自由民権運動の壮士・「近代茨城の父」――飯村丈三郎

一八九〇（明治二三）年に第一回衆議院選挙で当選し、板垣退助の立憲自由党で辣腕を振るい、立憲改進党の大隈重信とも交流のあった下妻出身の飯村丈三郎は、明治から大正にかけて水戸学の思想を受け継いだ明治最初の帝国議会議員である。

国会議員になる前には、当時の自由民権運動に身を投じ、民権政治結社の「同舟社」の中心人物として、「筑波山の会」を呼びかけて国会開設請願運動を行い、一八八〇（明治一三）年に県下で一万二〇〇〇名以上もの署名を集めている。翌年には県議会議員となり県議会議長まで務め、一八九〇（明治二三）年七月の第一回衆議院議員選挙で当選し、国政に歩みを進めた。

大日本帝国憲法における帝国議会は一九八〇（明治二三）年一一月二九日に開会され、一九四七（昭和二二）年五月三日の日本国憲法の施行まで設置された。最後の第九二回帝国議会は同年三月三一日で閉会となったが、この時の帝国議会の第三八代衆議院議長は、水戸の山崎猛である。

勇躍帝国議会に歩を進めた飯村は父の反対で、衆議院議員を二期で引退後は、水戸藩勘定方であった川崎財閥の総帥・川崎八右衛門（初代）の厚遇を得て東京で数々の川崎財閥系の企業経営に携わるとともに、地元茨城で常陽銀行（第六二国立銀行）頭取や、第二代茨城新聞社長に就き実質的創業者としてその再建に取り組み、水戸鉄道の敷設、藩校・弘道館の流れをくむ旧制茨城中学校設立など幅広い活動をし、「近代茨城の父」と称せられている。

ちなみに川崎八右衛門の創設した川崎銀行は、その後第百銀行となり、戦時統合により一九四三（昭和一八）年三菱銀行に吸収された。川崎八右衛門は、一八七六（明治九）年安田財閥の安田善次郎とともに第三国立銀行（現・みずほ銀行）の設立にも参加するなど経済界に大きな足跡を残した、水戸学そして朱舜水の「経世実学」の実践をした財界人であった。飯村丈三郎と川崎八右衛門を貫くものは水戸学の実学そのものであったと思われる。川崎八右衛門（一八三四〜一九〇七）は川崎財閥の創始者であり、鹿島郡海老沢村（現：茨城町）の出身である。NHK大河ドラマ『青天を衝け』の主人公・渋沢栄一も、ドラマでは描かれていないが川崎八右衛門や飯村丈三郎と交流があったと見るのが自然であると思われる。

飯村丈三郎は日本の近代社会への夜明けの大動乱期の時代、ペルーが浦賀に来航した一八五三（嘉永六）年六月の直前五月二四日、真壁郡上妻村字黒駒（今の下妻市黒駒）の旧家、名主の飯村又五郎の長男として生まれた。

現在も黒駒の地に残る飯村の生家は大きな長屋門の前に樹齢一〇〇〇年以上とも思われる欅の

巨木が天をついてそびえている。風説に耐え歴史を見続けてきた欅の巨木の幹の巨塊が、今なお、飯村丈三郎の優しいまなざしで時代の変化を見つめているようである。「近代茨城の礎」を作った男であり、常陸国風土記の世界から水戸学の精神を受け継ぎ、明治維新の激動期に高い志で自由民権への橋を架けた男の強い意思を今日に伝えている。酷暑の夏には、巨木のつくる木陰が強烈な陽射しから優しく守ってくれるようだ。

母屋の一部も昔のまま残り、現在この居宅には飯村のひ孫の飯村直子さんが居住されている。直子さんは早稲田大学の文学部中国語学科を出て、南京大学に学んだ才媛である。

飯村家から歩いて数分先には豊かな田んぼが広がり、筑波山がきりっとした姿で鋭角にそそり立っている。霞ヶ浦方向から見る穏やかな稜線の筑波山と違い、この方角から仰ぐ筑波山は鋭く尖った厳しい表情の筑波山である。険しくも美しい。

飯村家を訪れた二〇二〇（令和二）年五月、田植えの済んだばかりの水田には、筑波山が「逆さ筑波」となり水面で陽光に眩しくゆらいでいる。筑波山麓の蛙の合唱もどこかリズミカルであり穏やかである。五月晴れの澄んだ空に、鯉のぼりが薫風にゆったりとそよいでいた。幼少期の丈三郎（幼名・縫三郎）はこのような豊かな鬼怒川と小貝川の間の肥沃な田園で育ったのであろう。幼い少年には、きりっと鋭角にそびえる筑波山と豊かな田園風景が生涯尽きることのない友であり、飯村の感謝の心を育んでくれたのである。幼少期より病弱であった飯村は就学が遅れるが、預けられた伯父の家で、『三国志』『水滸伝』『源平盛衰記』などの戦記物を読み聞かされ、歴史上の英雄に触れ、歴史への旅をしている。この経験が、後の飯村の精神形成に大きな影響を与えている。

数え年一二歳の飯村丈三郎は、一八六四（元治元）年の春、黒子村（現・筑西市黒子）の名刹・千妙寺に預けられ半年間修業、第五〇世権僧正亮天から様々な教えを受けた。この東叡山金剛壽院千妙寺は最澄の弟子・慈覚大師円仁が八三四（天長一一）年に天台宗の東の拠点として開基した名刹である。天台宗では、比叡山延暦寺、上野寛永寺、平泉中尊寺、長野善光寺に次ぐ寺格である。慈覚大師円仁は、最後の遣唐使として唐に渡り、中国山西省北東部にある中国仏教三大霊山の五台山を巡礼、大興善寺で九年間修業、帰国後は山形の立石寺、松島の瑞巌寺を開山、平泉中尊寺や浅草・浅草寺などを中興し、円仁ゆかりの寺は全国に七〇〇ヵ所以上になるという。

円仁は、七九三（延暦一二）年、常陸国に近い下野国都賀郡の豪族・壬生家に生まれている。栃木県壬生町は日光西街道沿いの旧宿場町であり、筑西の千妙寺から二〇数キロの地にある。八〇八（大同三）年、一五歳で比叡山延暦寺に入り最澄に師事、法華経の注釈書『止観』を学んだ弟子一〇人のうち円仁だけが最澄の代講を任せられた。最澄の入滅後、八三八（承和五）年に最後の第一七次遣唐使と共に唐に渡り、天台山（浙江省）を目指すが、唐代末期の混乱もあり、短期留学僧の資格のため許可が下りず、山西省の五台山の文殊菩薩の聖地までの約一二七〇キロ歩いて到達、海抜三〇五八メートルの最高峰・北台の叶斗峰はじめ東台・峰海峰、西台・掛月峰、南台・錦繍峰、中台・翠岩峰の五台山を巡礼している。

当初、円仁が目指した天台宗の聖地・天台山は、八〇四（延暦二三）年に第一六次遣唐使で入唐した日本の天台宗の開祖・伝教大師最澄が、杭州市、紹興市近くの明州（浙江省寧波）から天台山麓の台州に到達、天台山の国清寺と龍興寺で研鑽を積み、帰国している。当時最盛期の唐は、活気に満ちた国際社会を形成し、円仁が旅の途中で滞在した揚州は、ペルシャ人、チャンバ王国（ヴェトナム）など様々な国の人々が交易のため集う国際都市であったので、円仁も国際的な視野を持つに至ったことは間違いない。

円仁は、遣唐使船で博多津を出港した八三八（承和五）年六月から日記を付け出し、九年六カ月の及ぶ旅の記録を『入唐求法巡礼行記』として書き綴っている。八四七（承和一四）年に完成した日本最古の旅日記であり、世界三大旅行記の一つとされ高い評価を得ているが、他の二つの旅行記の中国僧・玄奘三蔵が七世紀に著したインドへの旅の『大唐西域記』やヴェニスの商人のマルコ・ポーロが一三世紀に口述した『東方見聞録』を凌駕する世界的名紀行文であるとされる。

玄奘の『大唐西域記』は帰国後弟子に口述して筆記させたものであり、一方、『東方見聞録』は文盲のマルコ・ポーロが帰国後数年後に口移しに伝えたものであるためいささか曖昧であり誤った印象もあると言われる。これに対し、円仁の『入唐求法巡礼行記』は漢文と仏教に通じた日本人僧侶による中国古文で書かれたものであり、自分の足で九年以上旅した唐代動乱の政治や庶民の生活を克明に描写した優れた旅の記録である。

元駐日米国大使のハーバード大学教授のエドウィン・O・ライシャワーが、マルコ・ポーロの『東方見聞録』をはるかにしのぐ歴史的資料であるとして高く評価し、自身のライフワークとして『入唐求法巡礼行記』の研究に取り組み、『円仁　唐代中国への旅』として一九五五（昭和三〇）年に英文の著作を著したことから広く欧米でも知られることになる。日本語版は一九六三（昭和三八）年に東京大学大学院で日本天台を専攻した田村完誓・立正大学講師による翻訳がなされている。

今の日本人には無縁の書物となっているが、著名な知日家であるライシャワー元駐日米大使の優れた文明論であり、地球上の西欧文明と中国文明の織りなす歴史が日本に及ぼした影響について冷静に分析しており、九世紀当時の地球最大の人口と富を有した唐の時代と今日の中国の台頭と重ね合わせると興味深いものがある。以下に、ライシャワー大使の名著『円仁　唐代中国への旅』の冒頭部分と序文の一部を紹介する。

この本は主として八三八年から八四七年に及ぶ円仁の中国旅行について語るものであるか

ら、当然、平安初期の日本に関するよりはむしろ唐朝の中国について、より一層多くを伝えるものである。しかしながら、世界史上最初の偉大な日記作家として、更に確かに中国に関しては最初の偉大な外人解説者として、円仁は、畢竟、一人の日本人であり、事実、日本仏教の歴史においても指導的人物であったのである。それのみならず、彼の生涯をかけ、身をもって体現した上代の中国と日本との文化交流の物語は、日本歴史研究の重大な課題の一つである。彼の経歴は、宗教的献身と知的欲求と高貴な冒険との驚くべき結合なのである。

（E・O・ライシャワー著『円仁　唐代中国への旅』講談社）

遠い昔、そして遠い場所に実際に足跡を残した観察眼の鋭い旅人のお供をして、我々の想像をめぐらすこと程楽しいものはない。我々の想像の中で、歴史のかなたに忘れ去られてしまった無味乾燥な年代記から、再び生命のいぶきに満ちた光景や人々の声をまじまじと実感すること程、心躍る想いに駆られることはなかろう。

蒙古が征服していた頃の中国を訪れたヴェニスの商人、マルコ・ポーロの道案内は長い間、我々を楽しませてくれた。今や我々は更に遡った時代の偉大な文化の光輝に包まれた中国の信頼できる道案内として、慈覚大師という諡《おくりな》で一部の人々に知られている日本僧侶、円仁を見出すことができよう。マルコ・ポーロが貿易の宝庫を探し求めて、はるか東、中国への有名な大陸横断の旅路を敢行した時よりも、四世紀も前、円仁は新しい仏教の福音と彼の信仰における悟りを深めるために危険な荒波を西へ中国に渡ったのである。自らの宗教的目的を追求しながら九年間以上も中国の各地を旅行し、彼はこれらの大部分の期間中、驚くべき詳細な、かつ浮き彫りにしたような正確な日記を残すことができた。そしてその後、長い間ヨーロッパを震駭させたイタリアの商人の東方の旅の見聞録が、あいまいな一般的描写や時として誤った印象を語っているのに較べると、この日記は著しい対照をなしているのである。（中略）ヴェニスの商人マルコ・ポーロの世界漫遊の記録は、人々の想像力をそそることによって、歴史の流れに大きな歩みを残したが、円仁の旅行記は今日に至るまで、ほとんど読まれていないばかりかその名前さえ知られていない。（中略）マルコ・ポーロは全く伝統を異にした文化に属する国から来たので、いきなり当時の中国の高度な文明を見て、正当に理解し評価するにふさわしい準備と尺度を、あらかじめもっていたとは思われない。（中略）これに反して、円仁は中国文化の分家――日本――から来たのであるから、中国文化の継子のようなものである。彼自身、漢字の複雑な書き方で教育されたし、すぐれた仏教学者であった。（中略）つまり、円仁は中国人の生活に内部から洞察することができたのであり、マルコ・ポーロは外部から眺めたに過ぎない。（中略）他方において円仁は時代の脚光を浴びすぐれた栄誉をになった人物であり、マルコ・ポーロのようなロマンティックな反響を呼ぶことはなかったけれども、地道な、より一層意義深い歴史の表街道を歩んだのである。当時の日本の宗教界の指導者として、彼は日本に仏教の新しい局面を紹介する重要な役割を演じ、更に今に至るまで支配的な流れとなった宗門の体質改善に偉大な貢献を為したのである。すなわち、世界史的な眼から見るならば、円仁は極めて重要な運動に加わっていたのである。すなわち、高度の文明がヨーロッパとアジアのそれぞれの末端にまで及ぶ時代の動きに加担していたと言えよう。地球上の古典文明は早くから栄えたが、西欧においてはローマ帝国で一応の終焉を告げ、極東においては漢帝国にきわまるのである。時代が下がるにつれ、西欧文明は海を越えて地上の隅々にまで及び、それぞれの文化と接触し、なかんずくアジアの諸文明と思いがけない、今なお決定し難い大きな出会いを経験しつつあるのである。

しかしながら世界史のこの二つの大きな歩みの中間には、高度の文明が旧世界の壁を越えて浸透していくことが、おそらく唯一の歴史的発展として見られよう。すなわち、地中海文明は北上し、北欧の国々を席巻し、中国文明は南下し、南支那及び東南アジアに及び、東北に向かっては満州、朝鮮及び日本に至ったのである。（中略）日本の場合は、それは急テンポであり、明瞭に見分けることが可能であった。すなわち、六世紀の後半より九世紀の中葉にかけての期間、偉大な文化の洪水が急速かつ強力にこの国に押し寄せてきたのである。この時代の終末にあたって、極東における歴史の歩みを代表する最後の重要な人物の一人とし

て円仁が登場して来るのである。（E・O・ライシャワー著『円仁　唐代中国への旅』講談社）

引用がいささか長くなったが、この九世紀に中国の唐の時代に九年以上滞在し、中国の仏教の聖山を巡礼した円仁の教えが、天台宗の開祖・天台に始まり、さらに比叡山延暦寺を開祖した最澄、そして慈覚大師円仁を通じて高いレベルの教義となり伝えられてきた。とりわけ円仁の『入唐求法巡礼行記』に記述された中国文明の息吹は、実際に生活する人々に対する洞察力により正確に記述されており、深い人間観察として、特に天台宗の寺院を中心に伝承されてきていたのである。生きた教えであり、これらの教えが千年以上の時を経て日本社会の精神的基盤を醸成してきたのであろう。

後世、江戸から明治の開明期を迎えるときに、千妙寺の第五〇世権僧正・亮天僧正は、千妙寺を開基した慈覚大師円仁上人の教えを分かりやすく、少年の飯村丈三郎に説いている。恐らく亮天僧正の教えには、千年以上の時空を超えて慈覚大師の教えが色濃く伝えられていたと思われる。そして、この時の亮天僧正の「恩を知れ」という教えが、後の飯村丈三郎の生き方に決定的な影響を与え、飯村の人生の基礎となっている。「報恩感謝」である。

亮天僧上の教えについては、一九三六（大正一五）年四月、水海道市大輪町の安楽寺で開かれた講演会での飯村の講演草稿として口述・筆記させたものが、「四恩の説」として、いはらき新聞社の『名家談叢』（一九二八年刊）に収められている。『常陽芸文』（一九九八年九月号）にその「四恩の説」の抜粋・要約が紹介されているので転載させていただく。

すべて精神修養というものは、学校に入り長くかかって身に着けるというようなものではない。一場の座談でも講話でも、汽車中の話でも、相手方の話がもっともであると感じたならば、そのもっとものところを確かに耳に聴き収めて、理解して実行すればよろしい。そのことを私に教えてくれたのは黒子の亮天僧正であった。

元治元年三月十日、私の父は私を連れて僧正に面会した。黒子の千妙寺の亮天僧正という方は、仏学に名高いばかりでなく、一般に向かっても親切丁寧に、わかりやすく道を説く人であり、出入りの職人や百姓たちも、僧正様は別段であるといっている。そういう評判を父が聞いて、私の教育を、そのころ学校はないから僧正に頼む気になって、訪ねたのである。

僧正に会って父は、「私の家は代代村の名主を務めることになっております。この子は一人子の跡取りですから将来、名主が務まるように教えていただきたい。それから、私の家は多少の田畑山林を有しております。地主として小作人にどう接するかも教えていただきたい」と依頼し、僧正はこれを引き受けた。そこで私は寺にとどまり、多くの小坊主たちと一緒に寝起きすることになった。

寺での私の役は、僧正の膳の上げ下げ、寝る時の世話、煙草盆の持ち運びぐらいだったが、三〇日ほどたった時、僧正は私を膝元近くへ呼んで、こう話した。

お前は名主になるならば、何も稽古せずともよろしい。何か少しやると生意気になるから、何も習わないでいいが、ただひとつ教えることがある。それは「恩を知れ」ということである。人は恩を知らなければならぬ。恩にはいくつもあるが、儒教のほうでは第一は父母の恩、第二が主君の恩、第三が教師の恩、これを人間の三恩と称している。我が仏法のほうでは、これに一段深いところの「衆生の恩」ということを加えて、四恩と称している。この衆生の恩が最も大切なものである。

衆生の恩は社会恩といってもよく、国内外の人すべての恩、人類一般の恩というのと同じである。それはどういうことかといえば、例えば、お前は飯を食うが、そのもとの米は誰が作り、誰が持ち込んだか。また、その米を精米に仕上げ、それから飯に炊いて食わせてくれるのは誰であるか。そう考えると、一杯の飯にも幾多の人の手数が入っているということを理解しなければならない。着物にしても、しかり。みんな手数がかかって出来ている。何も考えない者は、これは銭を出すから出来るというだろうが、しかし売ってくれる人がなかったらどうか。

つまり、物事は衆生の恩・社会の恩というもので成り立っており、それは広大なものである。そのことは、一杯の飯や一枚の着物の源をさかのぼって考えてみるだけでも、よくわかるではないか。

それから、お前の家は地主ということで、田畑を小作に出している。お前の父親の話では、田畑を所有しない小作人をいかにも救ってやるといったふうに聞こえたけれども、これは心得違いというものである。お前の家では、小作人が土地を借りて耕作し、小作料を納めてくれるからこそ生活が成り立ち、一方、小作人のほうも土地を貸してもらえるからこそ生活できる。小作人から見れば地主は恩人、地主から見れば小作人は恩人であり、これがいわゆる社会相互の恩というものであるから、これを忘れてはならない。

また、人生のことに上だ下だという階級的思想を持っては、よろしくない。上下というのは一時のことであって、こちらが他を敬えば他もまたこちらを敬うということになるのだから、お互い助け合っていくということを了解しなければならない。これを了解して世の中に出れば、お前が名主になっても、村の人からはよい旦那様だといわれ、身も立つというものだ。だから人間として社会恩ということをよく理解して、何事もおのれ一人で行えるものではない、他人の力を借りて初めて手柄も現れるものであるということをよく理解しなければならない。

そして、社会・衆生からうけた恩は衆生に向かって返さなければならない。衆生は限りのないものであるから、自分は誠心誠意の道を踏んで、社会の皆様の便宜、いわゆる公益を図るということでなければならない。

と、以上のようなことを亮天僧正は私に話し、私は心打たれた。そして、人は以上述べた衆生恩ということをただ実行すれば救われるのだから、私は衆生恩のありがたいことをみんなに説明してやりたい、むしろ坊主になるべきではないか——と思って、そのことを親に話したところ、親は驚いて私を寺から引き戻してしまった。(『常陽芸文』「四恩の説」一九九八年九月号)

以上、飯村翁の「四恩の説」の一部であるが、この千妙寺での修行で得た、「報恩感謝の精神」は飯村翁の精神風土の原点であり、その後の人生で、自由民権運動、帝国議会、政治家、実業家、銀行経営、新聞社再建、教育を通じて貫いた人間・飯村丈三郎の慈愛に満ちた精神であった。

飯村翁が半年間の千妙寺の修業を終えたのは一八六四(元治元)年である。翌年、慶応元年となり、慶応二年には将軍家茂が急死、徳川慶喜が征夷大将軍となり、慶応三年には大政奉還、その翌年には戊辰戦争を経て慶応四年九月には明治と改元され明治維新をむかえる激動の時代の幕開けであった。

桜田門外の変が一八六〇(万延元)年三月であるから、水戸藩もまた藩内は、天狗・諸生の抗争が激化し、佐幕派と勤皇攘夷派による骨肉の争いの激震に襲われ、一六〇年経った今日でもなお、両派の末裔によるしこりが残っていると言われる。飯村丈三郎が生まれた翌々年の安政の大地震（一八五五年）で、水戸藩の藤田東湖という大きな存在を失った代償は水戸にとってあまりに惨いものであった。

実家に戻った飯村丈三郎は、高道祖村の佐々木琳次郎に『庭訓往来』『今川実語教』などの当時の寺子屋教育の基本学問を学び、一八六九（明治二）年になると十四代将軍徳川家茂の元侍講《じこう》菊池三渓の晴雪塾に入塾し、『日本外史』『国史略』『皇朝史略』などの学問にはげんだ。この時の模様を、丈三郎の伝記『飯村丈三郎伝』では、「教える者も教えられる者も之に力づき、眠くなれば机に伏せって眠り、覚めては又読むという具合に、布団にはなるべく寝ぬ事を務めた。つまり不眠不休の読書である」と記しており、この時に丈三郎の読書力は著しく進んだと言われる。

このような激動の時代に生まれ、幼少期から多感な青年期に、この激震を目の当たりにした飯村は、その後自然に自由民権運動に加わることになる。

飯村は「近代茨城の父」と讃えられているが、幕末の混乱期の濁流に翻弄された水戸に忽然と現れた大きな哲学と慈悲に満ち溢れた人物である。徳川から明治維新への歴史の転換期、日本が近代国家への歩みを始めた時に「報恩感謝」の実践者として儒教と水戸学の精神を次の時代に伝えたのである。「衆生恩」「社会恩」こそ、飯村の政治活動の源流である。民と共に生き、民に寄り添い、民に恩返しをする。同じ下妻、水海道の風見章や赤城宗徳、水戸の山崎猛、さらには潮来町の橋本登美三郎や瓜連町の岩上二郎にも脈々と受け継がれている二〇〇〇年余にわたる常陸国の政治風土であるに違いない。

飯村は一八七七（明治一〇）年に茨城県から現在の村長にあたる第六大区第一〇小区戸長に任命され、さらに県西地方三一ヵ村の学区取締役にも任命されている。これは飯村が識見、人望ともに卓越した人物であったからであろう。

さらに当時活発化していた自由民権運動に身を投じ、政治結社「同舟社」を結成し、主宰者として板垣退助の自由党に参加、茨城県内の自由民権運動の急進的役割を担った。一八八〇（明治一三）年には筑波山で百人余の参加者を集め国会開設請願の大会を開催、県下で一万二〇〇〇名以上もの署名を集めた自由民権運動の壮士であった。

その後、一八八一（明治一四）年に弱冠二八歳で茨城県議会議員に当選、六期連続当選を果たし、この間、副議長、議長を務めている。明治二三年（一八九〇年）に第一回衆議院選挙で当選して、明治・大正にかけて政治家、実業家として活躍した下妻出身の飯村丈三郎は、水戸学の思想を受け継いだ明治最初の帝国議会議員である。

帝国議会第一回の衆議院選挙では無所属で出馬、激戦を制し当選し、板垣退助の立憲自由党に属し、論客として活躍している。この時の選挙では、板垣退助の立憲自由党が一三〇人の当選者で第一党となり、第二党は増田繁幸の大成党、第三党は大隈重信の立憲改進党であった。

その後、第二回衆議院選挙で再選するも、三回目の選挙では「飯村家の資産を潰すな」との父の反対で出馬を断念、実業界に身を投じることとなる。出馬を断念したことで切らずに済んだ欅の巨木は、今でも飯村の生家の庄屋門前に天を衝く大木のように鎮座している。

川崎財閥の総帥、川崎八右衛門の要請で、第六二銀行（現在の常陽銀行）の頭取に就任、再建を果たし、さらに栃木県小山から水戸までの水戸鉄道の開通を果たし、茨城新聞第二代社長として休刊寸前の同社を見事に再建復活させるなど実業家としての手腕を発揮した。

さらに東京にあって、鉄道事業、火災保険、生命保険など川崎財閥の多くの事業の監視役として重責を担っていたが、飯村の生活ぶりは極めて質素なものであったと言われる。

晩年の一九二七（昭和二）年には、旧制水戸中学（現・水戸一高）以外にも幅広く学問の道への門戸を開こうと、私財を投げ打ち旧水戸藩の藩校「弘道館」の学問の伝統の流れをくむ私塾「水戸学院」を拡充し、旧制茨城中学（現在の茨城中・茨城高）を設立し教育に全力を注いでいる。これは飯村自身も語っているが、帝国議会時代に親しく交流した大隈重信が早稲田大学を創立したことに触発され、教育に力を注ぐことになったのである。

学校創立最初の入学式で飯村は、「この学校は、報恩感謝の念をもって作った。忠君愛国の思想を涵養し、水戸学の神髄を継承したい」と生徒たちに決意の一端を語っている。

朱舜水からの脈々と流れる水戸学と教育の実学を近代明治に繋ごうとする強い意志の表れであり、これも飯村の歴史観・国家観を示す「報恩感謝」の信念の実現を図ったものと思われる。飯村の報恩主義は水戸学の儒教・実学の精神に基礎を置き、人のあるべき精神を説いたものである。七四歳で生涯を閉じた飯村は、茨城中学・高校に隣接する祇園寺に眠る。

祇園寺は明の心越禅師が開山し、徳川光圀が開基した水戸の曹洞宗の名刹である。心越禅師を光圀に紹介したのは、儒学者・朱舜水とも言われる。心越禅師は高崎達磨の発案者でもあり、能書家で「篆刻《てんこく》の祖」とも言われ、また金沢八景の命名者でもある。

心越禅師もまた朱舜水と同じ浙江省の出身で、杭州から南へ八〇キロほどの浦江県である。朱舜水の余姚からも西南へ一二〇キロ程のところになる。ちなみに唐招提寺を建立した鑑真和尚が最初に日本への渡航を試みたのは、この浙江省余姚である。雨引山楽法寺を開基した法輪も南朝の梁国から来ており、今の江蘇省、上海市、浙江省あたりから来日した僧侶が多いが、特に茨城県にゆかりの僧侶は長江に近接するこれらの明の中心地であった地域の出身者が目立つ。これは偶然ではなく、古来より常陸国ないし水戸の存在は中国で十分認識されており、様々な交流があったことを想起させるのである。

私はこれまで数十回の訪中時に、水戸弘道館の徳川斉昭、慶喜、藤田東湖などの拓本を土産に持参することにしていたが、山東大学学長、人民解放軍済南軍区の元将軍など孫子研究会のメンバーや各地の要人が、光圀や斉昭、藤田東湖をよく知っており、評価していることに驚かされた。むしろ、中国で水戸のことを教えられることも少なくなかった。

常陸国の初代国司の藤原宇合は第八次遣唐使副長であり、くしくも生家を安倍晴明と同じくする真壁平四郎（法身禅師）は中国浙江省の天台山近くの径山寺で八年間も修業している。常陸国のルーツともいえる藤原宇合の祖父・中臣鎌足の高い博識は、隋留学学僧や唐留学生に直接学んだことが基本にあり、聖徳太子をよく補佐し、当時では最高の知識人であった。光圀が招聘した朱舜水は、今なお中国で高い評価を得ている明時代の学者であり、先述したように、上海の松江区には「明朱舜水記念堂」があり、光圀の座像や大日本史の写真が掲示され、多くの中国人が訪ねてきている。事程左様に、常陸国は古来、中国との深い人的交流・絆で歩んできたのである。

## 3　怒濤の昭和を疾駆した憂国の野人政治家——風見章の詩魂と気骨

いつの世も時代がめぐると、必ず次の時代に先達の高い志を継承する人物が登場するものである。幕末から明治へ、そして激動の昭和へと時が移り行くときに巨星墜ち、新たな惑星が光り輝きだす。

「近代茨城の父」と称えられ、儒教と水戸学の精神風土を近代明治への時代の懸け橋とした飯村丈三郎が、一九二七（昭和二）年八月一三日、東京麹町区大手町路上で不測の奇禍に遭い急逝した翌年、くしくも茨城の下妻中学・水海道中学に学んだ気骨のある一人の日本人が忽然と政治の世界に挑戦することになる。

野人政治家の風見章の出現である。飯村の故郷の後輩である風見章が、信濃毎日新聞主筆を辞し、飯村丈三郎の遺志を継ぐかのように飯村翁が没した半年後、一九二八（昭和三）年二月の総選挙に出馬し、政治の道に歩を進めた。

風見にとって、かつて薩長藩閥政府に対して帝国議会開設を求め、自由民権運動に身を投じ、県議会議長を経て、帝国議会第一回衆議院選挙で当選し、青雲の志で土佐藩士の板垣退助や佐賀藩士の大隈重信とともに立憲政治の確立に取り組み、政界引退後は金融界、実業界で辣腕をふるっていた故郷の先輩である大政治家・飯村丈三郎を尊敬していたことは疑う余地はない。

この選挙に出馬する前、風見は飯村丈三郎翁の知遇を得ていた。解散前の講演会で、風見は日本の国際的地位、都市と農村の現状を論じたあと、「味方は手を携えて来たれ、敵するものは槍を以て向かってこい」と結んだ。これを聴いていた飯村丈三郎は、風見の気骨と大局観にすっかり感じ入り、「風見はかならず大物になる」と語り、老骨に鞭打って風見の後ろ盾になろう、と決めたのである。

ところが選挙の前年（一九二七年）の夏の「近代茨城の父」飯村翁の急逝は、風見にとって大きな衝撃であった。この飯村翁の訃報に接した風見は、批判を承知で忽然と、信濃毎日新聞に主筆として「マルクスに付いて」を連載した。

一九二八（昭和三）年一月に信濃毎日新聞主筆を辞して、二月に行われた我が国初の普通選挙（第一六回総選挙）に出馬する。しかし飯村丈三郎という大きな後ろ盾を失った風見は、この選挙で落選の苦杯をなめることになる。この時、風見は「丈翁、健在なりせば」としばし悲嘆にくれたという。

恐らく自由民権運動で活躍し、板垣や大隈と親交を深め、日本国の立憲政治の扉を切り開き、県議会議長など県政で活躍し、第一回衆議院選挙で国政に歩みを進めた郷里の大先輩・飯村翁の存在は、少年のころから憧れ、目指すべき大きな存在として風見の心に刻み込まれていただけに、その落胆は計り知れないものがあったのである。

ましてや風見が進学した早稲田大学が大隈重信の創設であり、立憲政治の確立のため大隈とともに活動していた飯村翁が、この大隈翁の教育への情熱に憧憬し、「大隈のすごさは早稲田大学をつくったことだ」と高く評価、飯村自身がその晩年、水戸藩の藩校・弘道館の流れをくむ旧制茨城中学を創設したことも、次の世代の人材を育成しようという飯村翁の時代を見据える高い見識と教育に対する熱情が結実したものであると風見は承知しており、飯村の意思を継ぐ政治家としての道に踏み出したのである。

風見は、早稲田大学雄弁会の仲間である福岡藩の家に生まれた中野正剛とともに西郷隆盛に心酔し、大きな影響を受けている。故郷では「近代茨城の父」と称せられた徳の政治家・飯村丈三郎、そして精神的には西郷の「英雄豪傑さ」に風見章の原点があるのかもしれない。

風見章と緒方竹虎、中野正剛は早稲田大学雄弁会の三羽烏で、いずれも朝日新聞から政治に転じている。中野正剛は、元々反軍派政党人であったが、満州事変を契機に、民政党を離党、風見と共に国民同盟を作り、右翼の東方会を立ち上げている。ドイツ、イタリアを訪問し、ムッソリーニ、ヒットラーと会見するなどファシズムの道を歩み、徳富蘇峰と会談するなど太平洋戦争賛辞論者であったが、東条英機のファッショ化が進むと、一転、東条内閣倒閣に動く。しかし、「この戦争は負ける」との中野の発言を東条に嗅ぎつけられ、憲兵隊に逮捕され投獄される。その後、釈放されたが、その日のうちに自宅で割腹自殺を遂げた。その時、中野の机の上には、『大西郷伝』が置かれていたという。風見章と中野正剛は、西郷隆盛についてどのような対話をしていたのか、当然、水戸の藤田東湖に心酔していた西郷の思いもまた、風見と中野の共有するところであったに違いない。

結局、風見はこの選挙では落選するも、不屈の闘争心で、郷里の農村地帯を精力的にまわり座談会行脚を繰り広げ、二年後の総選挙で茨城旧三区から出馬し当選を果たしている。風見が前回の衆議院選挙に落選した六月には、張作霖爆殺事件が起きている。風見は大陸での不穏な雰囲気に危機感を募らせ、政治の舞台に立つことを肝に銘じたに違いない。一九三〇年代後半から四〇年代にかけて、政界の一匹狼的な存在の風見章は野人政治家として、戦火の拡大に不拡大主義で挑み、陸軍の強硬派と闘った政治家として歴史上の大きな存在であったと言われるのだ。

『評伝 風見章』を著した宇野秀氏は、「政治家の性格、人格は、その人物を生んだ風土や環境に色濃く染まり、生涯を通じてその精神的土壌が培われる。司馬遼太郎は、これを「土着の倫理」とよんでいる」と記している。

土のにおいのする野人政治家、それが風見章であり、多数の民の心に寄り添い、それを一身に背負い政治家の矜持と心得ていたのである。下妻中学の後輩で、国会の議場で風見の追悼演説を行ったもう一人の野人政治家・赤城宗徳にも通じるものがある。

風見の実家から鬼怒川を一二キロのぼった岡田村（現常総市）に、小説『土』で有名な長塚節がいた。さらに北上する真壁郡大宝村（現下妻市）には、筑波嶺詩人・横瀬夜雨がいた。風見が横瀬夜雨を訪ねた際の一文がある。

筑波西のほんとうの片田舎に、いわば、うずくまり通しでいて、しかもその魂の光を若くして日本全体にわたって放ったというのも、彼の人間としての『強さ』のいたすところであった。

少年時代から人間形成の青年期にかけて、詩魂と反骨が風見を支えていた。

（宇野秀『評伝　風見章』より）

風見章の墓碑銘には「巨海納百川《きょかいひゃくせんをおさむ》」とある。霞ヶ浦に流入する筑波山麓の無数の川が、太平洋の大海に飛翔する様が眼に浮かぶようである。

一九二九（昭和四）年一〇月二四日のニューヨーク株式の大暴落「暗黒の木曜日」に端を発した世界恐慌、昭和恐慌は日本国を取り巻く国際環境を一変させ、風雲急を告げる不安定な内外情勢となっていた。

一九三一（昭和六）年九月の柳条湖事件（満州事変）、翌年の上海事変の勃発、リットン調査団の来日と日中関係が悪化の一途をたどり、国内では一九三二（昭和七）年の血盟団事件、五・一五事件、一九三六（昭和一一）年の二・二六事件と国内外ともに緊迫した情勢の中、広田弘毅内閣総辞職を受けて第一次近衛文麿内閣が発足した。この近衛内閣の内閣書記官長（今の官房長官）に白羽の矢が当たったのが、茨城県水海道（現常総市）出身の憂国の政治家・風見章である。

一八八九（明治一九）年生まれの風見章は、旧制土浦中学から下妻中学に転じ、さらに下妻中学の分校・水海道中学を卒業、早稲田大学政治経済学部に進み、雄弁会で活躍、緒方竹虎、中野正剛などと交流した。早稲田大学卒業後は、朝日新聞記者等を経て、国際通信社（同盟通信の前身）上海支局、信濃毎日新聞主筆として労働者や農民の側に立って健筆を奮っていた。

先に触れたように、一九二七（昭和二）年一二月からは「マルクスに付いて」という署名記事を信濃毎日に一二回にわたり連載し、共産党宣言を最大級の賛辞を以て紹介している。一九二八（昭和三）年一月に信濃毎日新聞を退社し、茨城三区から初の普通選挙の第一六回衆議院選挙に出馬し落選するも、一九三〇（昭和五）年の衆議院選挙で立憲民政党から出馬し、トップ当選している。

その後、政友会と民政党の二大政党が対立している一九三二（昭和七）年一二月に民政党を脱党し、熊本の国士・安達謙蔵、福岡藩士の息子で早大雄弁会の盟友・中野正剛とともに国民同盟を結成した。この年三月には井上日召の血盟団事件、五月には五・一五事件が起きている。五・一五事件の起きる八日前に、くしくも風見は水戸で開かれた農村問題懇談会に、愛郷塾の橘孝三郎とともに参加している。須田禎一氏がその著書『風見章とその時代』（みすず書房）でこの背景とエピソードに触れているので引用させていただく。

一九三二年はまことに嵐の年であった。前年の十月事件(錦旗革命)にも参画していた井上日召を盟主とする血盟団員は、総選挙の十日前に前蔵相井上準之助を襲って殺したが、三月五日にはさらに三井財閥の団琢磨を血祭りにあげた。こえて五月十五日には陸海軍将校が正服のまま首相官邸を襲撃し、老首相犬養毅を射殺するという事件が勃発した。つい二ヶ月ほど前には選挙の大勝に酔い、政党政治が永遠に続くものと思い込んでいた政友会の代議士たちは、あわてふためいて為すところを知らなかった。それでもとりあえず官僚あがりの鈴木喜三郎を後任総裁に推し、政友会への〝大命〟再降下をひそかに期待したものの、その期待は裏切られて前朝鮮総督の斎藤実を首班とする超然内閣が生れた。政友にも民政にもこれを非立憲として護憲運動をおこす気力はなく、かえって高橋是清(大蔵)山本達雄(内務)の両長老のほかに、鳩山一郎(文部)永井柳太郎(拓務)など党の中堅数名を閣僚として供出するありさま。それくらいならなぜ事前に〝両党協力政権〟の安達構想に賛成できなかったのか。政党の墓穴を掘ったのは、政党人のオポチュニズムであった、と断じるほかはあるまい。

この五・一五事件には橘孝三郎門下の愛郷塾生が変電所襲撃隊として参加したので、その五日前に渡満していた橘は七月初旬に自首して出た。渡満直前の五月七日水戸市で開かれた〝農村問題〟座談会に、橘と共に風見も参加していたので、司直の眼は風見にも光り、さまざまの噂が飛んだ。しかし、噂など気にせぬ風見は、橘被告のために進んで証言台に立ち、橘が破壊的行動をするような人物ではないこと、今日の政治的貧困はこれまで政治の中心をなしてきた政党人が最も責任を感ぜねばならぬことを切々と説いた。しかし結果としては、頭山秀三の八年、本間憲一郎の十年、大川周明の十五年に比して、橘には最も重い無期懲役を言い渡された。海軍の古賀清志・三上卓らは禁固十五年だったが、陸軍側は禁錮四年という軽い刑だった。

なお、五・一五事件に農民から参加者が出たことは、農村窮乏がゆるがせにできない段階に来ていることを全国的にアピールする機会となった。この機会をつかんで風見は、全国各地の農民の請願書を取り次ぎ、三二年八月下旬、斎藤内閣をして〝農村匡救臨時議会〟を召集せしめるのに成功した。

この当時の『政界解剖』という雑誌に、風見章の人物評に関する作者不詳の記事が掲載されているので参考に転載する。

国民同盟の中には一騎当千といふとちと大げさだが、一騎百人に当たる位の人物が少なくない。さうした人物の中から、最も嘱望されてゐる一人に風見章君がゐる。彼は国盟のリーダー中野正剛君とは、水魚もただならぬ関係である。聞く処によるとその生まれた月日まで同じだといふ奇縁さへある。彼の容貌は東京朝日の編集局長緒方竹虎氏と瓜二つだといふものがあるが、緒方氏はさすがに大新聞の温室に育つてゐるだけに、同じ気稟の中にもちよつと福々しさがある。そこになると、昔は水戸浪士、今は愛郷塾を出した茨城県だけあつて、彼には凛とした国士の面影がほの見える。銀座の交詢社といへば、政界財界一流人のブルジョア的なクラブであるが、貧乏代議士の彼がその会員であるといふことは、まことに妙といはねばならぬ。しかし給仕に注文する彼の品物がきまってアイス・ウォーターか、安いレモン・ティときては、いよいよもつて痛快至極といふのほかはない。彼は全く作りや飾りがなく、どこへ押し出しても「我は一個の風見章にて足れり」といった矜持と、枉《ま》ぐべからざる信念をもつてゐる。（『政界解剖』一九三三年刊、作者不詳）

また須田禎一氏は、前出の『風見章とその時代』の中で次のような記述をしている。

一九三三年春の第六四回議会予算委員総会における風見の質問は斎藤首相はじめ各閣僚の

心胆を寒からしめた。彼は〝憲政の発達には野党の存在が尊重されねばならぬ、私は完全野党として質問するのだから徹底せる答弁を願いたい〟と前置きして、せっかくの農村匡救事業が官僚の形式主義のためにほとんど実効をあげていないことを指摘してから
資本制組織の中にある農村は、いつでも恐慌の重荷を背負わされてきている。農村の購買力を増すという立場から考えれば、鋏状価格差をなくしてやること、過剰人口の重圧を何とかしてやること、公租の負担を軽くしてやること、さらに負債から解放してやることがどうしても必要だ。
と論じ、後藤文夫農相が〝低利資金融通〟などについて答弁すると
借りるには抵当が要るではないか、抵当があるくらいなら農民は銀行へゆく、政府のお世話になんかならない。その上さまざまの面倒な手続きが要る。野に立って街に立って民の声を聴きたまえ。民は借りないのではなく借りられないのだ。
と叱咤した。そしてアメリカのフーヴァー大統領の失政を引用し〝認識不足の政治家を頭《かしら》に持つことが国民にとってどんなに悲惨なことであるか〟と皮肉った。しかし不得要領を得意とする斎藤首相が相手では、のれんに腕押しであった。
われわれの先輩は血みどろの闘いで憲政の常道を築きあげた。その常道すらもしばらく引っ込めて出来あがったのがこの非常時内閣ではないか。それだけの犠牲を強いながら

内閣はこの八ケ月に一体なにをしたのか。憲政の常道にして魂あらば、その犬死《いぬじに》であったのを墓標の下で泣いているだろう。と痛撃したのち、風見は鉾を鳩山文相、永井拓相らに向け、前後四時間半にわたって内閣の失政を衝いた。

（中略）風見は（中略）この議会では政友・民政両党が上程した〝思想対策決議案〟に反対する熱弁を本会議でふるった。

この内閣も政・民両党の諸君が支持している。この内閣が公約を無視しているのは、これを支持する両党の責任でもある。嘘をついて責任も果さず〝思想善導〟などと言えた義理かどうか。（中略）斎藤さんを助けて、国家のためにかくかくのことをやってもらいたいと進言するのが諸君の責任ではないか。政界浄化の約束も、失業救済の約束も果し得ないでおいて、〝思想善導〟などとはふざけすぎる。さきに予算総会で私が農村における失業問題について山本（達雄）農相に質問したところ、内相は〝まだ調査しておらぬから知らない〟と答えた。思想が荒《すさ》むのも当然な状態の下に国民をおいて、〝思想対策〟とは何ごとだ。〝思想対策〟などを論ずる暇があるなら、我々の主張する地租二ヶ年全免を実現したまえ。……首相は議会を尊重すると口ではいう。しかし会期が切れかかってから重要法案をたくさん出した。これでは充分の審議はできない。これこそ議会軽視であり、国民軽視ではないか。このままでは議会は諮問機関にすぎなくなる。民政党はさかんに〝ファッショ反対〟の声明をしているが、議会を諮問機関に堕せしめるような行動こそ、ファッショへの屈伏ではないか。政・民両党が本気で内閣を助けるつもりなら、なぜ総裁を入閣せしめないのだ。権勢欲のために内閣にぶらさがっていると評されても弁解の余地はあるまい。さきに我々の提唱した協力政権には反対しておきながら、ひとたび五・一五事件がおこると、俄か雨に遭ったみたいに一つの内閣の傘の下に両党とも駈けこんだ。世間では〝法華かけこむ阿弥陀堂〟という川柳で諸君を冷笑しているぞ。いったい五・一五の前と後と、いずれに諸君の本心はあるのか。公約は無視し、失業問題も解決せず、綱紀の粛正も行わず、〝思想対策〟だけを重大問題であるかのごとく扱うとは、正気の沙汰とは思われない。

このように一九三三（昭和八）年二月二四日、第六四回帝国議会衆議院において、風見章は政友・民政両党が上程した「思想対策活議案」に対して一時間余にわたり反対討論を行っている。激烈、渾身の憂国の演説である。

今日の政治状況に酷似しており、八七年たった現在でも大いに傾聴すべき迫真の演説である。まさに「憂国の演説」であり、此の演説の古いカタカナ表記の議事録原文を読んだだけでも、風見の気迫には鬼気迫るものがあり、政友・民政両党の議員たちが騒然とする議場の様子も目に浮かぶようである。

風見と交流のあった元同盟通信の政治部記者・長島又男氏が、風見章著『近衛内閣』（中公文庫）の巻末の「解説」で、この「憂国演説」と国民同盟結成に触れているので、風見章の帝国議会での渾身の演説とともに一部抜粋を紹介する。


一九三一（昭和六）年の九月には満州事変が起こり、翌年の一月には上海に戦火が拡大し、三月には「満州国」が出来、五月には、いわゆる五・一五事件が起こって犬養首相が暗殺（中略）これに対して政友、民政の二大政党も（中略）この立憲政治の危機に際して大いに国民の蹶起を促し、世論をまき起こしてたち上がるべき秋に、全く茫然自失、斉藤実海軍大将のいわば軍政府の成立で、実質的にも形式的にも政党内閣の前途が閉ざされてしまった（中略）こうした中での国民同盟の結成は、小さいながらも高く評価されていいと思う。

しかし、同年九月の日満議定書を経て十月には、早くも満州への第一次移民団の移住が強行され、翌三三（昭和八）年一月には、陸軍の熱河作戦の開始と、陸軍は既定の方針を着々実行に移してゆき、中国大陸侵略の陸軍の既定方針は、二大政党の沈黙にますます勢いをえて、三月には早くも国際連盟を脱退して、国際的にフリーハンドを獲得するに至った。

この重大な局面を前にして、ものいわぬ二大政党を尻目に起ち上がったのは、風見章ただ一人だったのである。風見は、斎藤軍事内閣の、憲法を蹂躙し政党政治を破壊して国を誤る現状を痛烈に非難し、このまま進むならば遠からずわが国はとり返しのつかぬ事態に陥ることを警告、軍の一大反省を促すとともに立憲政治へ復帰すべきことを満場に訴えた。

しかし〝大廈の覆らんとする時、一木のよく支えるべくもない〟。腰をぬかして判断能力を既に喪失した二大政党を中心とした大半の議員諸侯の政治的無感覚は、立憲政治の重要性を観念的にあるいは「知って」いたかもしれないが、卓を叩いて行動に起ち上がるにはすでにこれに必要な判断能力もまた勇気をも欠いていた。そのうえ、国際的には一九三三（昭和八）年一月、風見の憂国演説の一ヵ月前に、ドイツでは、遂にナチスが政権を奪取し、ヒトラーによって起こされた国会議事堂放火事件を、ドイツ共産党の非合法化に巧妙につかって同党を地下に追いやり、世界制覇に向ってその第一歩をふみだした時であった。

陸軍を中心としたわが国の反動勢力――とは歴史の車輪を後方に向って逆転させる勢力のことであって、歴史の大きな流れからすれば、結局は砂上一時《いっとき》の夢にすぎないが、それは長い人類の歴史から見てのことであって、その時、そこに生きた人々にとっては、そんなのんきな話ではない。生死を賭けた人生最大の問題である。政党は、立憲政治死守のために、こういう危急の時にこそ起ち上るべきなのに、腰をぬかした二大政党に何の出来るはずもない。

と解説。

そして最後に長島又男氏は、「本書を読んでの私の結論は、政治家よ、わからなくなったら、人民の発意を旺んにせよ、それだけが諸君を救う道であり、文官官僚と軍官僚、国を亡ぼすはこの二つにあり、ということである」——と結んでいる。


この解説は、一九八二（昭和五七）年五月一二日付の文書であるが、あまりにも現在の日本を取り巻く環境と政党政治の危機、立憲政治が破壊した現状に酷似しており、激烈な風見章の「憂国演説」が、演説から八七年の今日の現状を見据えており、驚愕し、圧倒される思いである。戦後も七〇数年になるにもかかわらず、日本人の精神風土は先の大戦直前に後戻りしたようですらある。世界的な新型コロナ感染の猛威という未曽有の国難に際しても、コロナ対策で為すすべもなく無策の醜態をさらけ出した菅政権が、生煮え緊急危機対策で様子見の現状は、恐るべき政治の劣化である。安倍晋三政権から続く民主主義を冒瀆する断末魔でさえある。

長島又男氏の表現「文民官僚と軍官僚」の言葉を、「官邸官僚とメディア」と言い換えても令和の今日で違和感はない。さらに政治家も二世、三世議員が跋扈し、政治が「家業」となり、全てではないが、結果として政治家の質の劣化も著しい。

私の知る限り、戦後すぐの政治家、政党人の価値観は生死をかけた日本人であり、焦土の中から起ち上がった「憂国の士」であったのだ。戦前、戦中、そして戦後間もないころまでは、政治とはそういうものであった。

幾たびかの合従連衡を経て保守本流の政党となった「自由民主党」は、戦後の荒廃から起ち上がった「土のにおい」のする憂国の士の集団の政党であった。しかし、残念ながら、日本国の再生がなり、経済成長を遂げたころから、自由民主党の地方組織、末端組織は壊死しはじめ、「なれあい」「もたれあい」「しがらみ」の政治組織と変異し、民主政治の劣化を招いたのである。さらには、政治家以上に大きな国家観を抱いていたはずの官僚組織も、最近では「忖度の集団」、忖度官僚と化してしまった。今の日本の政治風土には、気概も、気骨も皆無に近い。自己中心主義の集団が、自らの保身のために政治にかかわっているのだから国家としては始末が悪い。これでは、日本国は根腐れを起こし、衰退し、滅亡への坂を下り始めたと断じざるを得ない。坂の上の雲ではなく、崖の下の深い闇に沈み込んでいくとしか思えない。

最大の原因は、政治とカネの問題から「政治資金規正法」「政党助成金」の制度導入により、既存の政治家は、国民の税金で政治活動を生業とするようになり、権力の集中した政党に人事権とカネを握られてしまったのである。また小選挙区制の導入により、政治が矮小化され、陳情・利益誘導型のスケールの小さな政治家しか生まれない政治土壌と化したことも否めない。日本学術会議に国民の税金が投入されているなどと、役人や政治家が言えた義理ではない。国民の税金が投入されているのは、国会議員であり、忖度官僚も同様ではないか。あきれ果てた為政者の傲慢である。

このような現状に、果たして泉下の風見章はどのような思いを致すだろうか。『常陸国風土記』の世界から脈々と歴史の大河を流れてきた民に寄り添う「慈愛」と「覚悟」「謙虚」を矜持とする気骨の政治こそ、いま、日本国の政治家に求められていることだと思わざるを得ない。

憂国演説から四年後、一九三七（昭和一二）年六月四日に近衛内閣が発足する数か月前、風見章は「昭和研究会」の支那問題研究会の委員長に就任した。

「昭和研究会」は近衛文麿の私的政策研究団体であり、一九三三（昭和八）年に創設された「時事問題懇談会」、その後「昭和研究会」として存続していた勉強会を、一九三六（昭和一一）年の二・二六事件の後に正式な組織として設立されたものである。

設立趣意書は「非常時局を円滑に収拾し、我が国の外交、国防、経済、社会、教育、行政等の各分野にわたり、刷新の方策を調査研究する」と謳っていた。「昭和研究会」の主宰・代表世話人は近衛と京都帝国大学の仲間で政治活動家の後藤隆之助が務め、発足当初の常任委員には賀屋興宣、高橋亀吉、東畑精一、蝋山政通、委員には牛場信彦、宇都宮徳馬、大河内一男、尾崎秀実、風見章、中山伊知郎、吉田茂（内務官僚）、笠信太郎などが参加していた。風見章は、この昭和研究会の世界部門「支那問題委員会」委員長に就いたのである。

その後、近衛内閣組閣に際し、突然、面識のない近衛文麿から内閣書記官長就任を要請されることになるが、昭和研究会主宰の後藤隆之助が一九三七（昭和一二）年六月四日発足の第一次近衛内閣の組閣参謀を務めており、茨城県出身であることからも同郷の風見章を内閣書記官長に抜擢する人事を主導した可能性はある。また、一部には風見を推薦したのは軍部との評判が立っていたが、風見はこれを明確に否定している。

この内閣書記官長人事について風見はなぜ抜擢されたのか思い当たることがないと語っているが、一九三三（昭和八）年三月二四日の帝国議会衆議院での激烈な「憂国演説」は、多くの人々を震撼せしめ、近衛文麿の右腕として風見章をつけようとしたことは歴史の必然であったのかもしれない。形骸化した政党政治と軍部の台頭は立憲政治を根底から揺るがしかねない事態であり、気骨のある政治家に近衛文麿の番頭役をゆだねようとしたのは、元老西園寺公望なのかあるいは近衛文麿自身なのかは不明であるが、この風見の「憂国演説」がきっかけであったことは大いに可能性がある。

政治評論家の戸川猪佐武は、その著書『昭和の宰相』で近衛が風見章を書記官長に抜擢したいきさつについて次のように証言している。

風見と近衛とは、後藤隆之助、木舎幾三郎（政界往来社長）などの話を介して、たがいに興味をもっていたが、ただの一度も会ったことはなかった。しかし、近衛は、早くから後藤に、「風見君を、昭和研究会にいれて、勉強させておいてくれたまえ」といい、将来の起用を考えていたという。また、林内閣の末期に、木舎が近衛から、「かりに僕が内閣をつくるとき、書記官長によい人はおりませんかね」といわれた。風見を推薦すると、近衛は、「そうするかな」といったといわれる。風見書記官長という人事は、清新な印象強く、ヒットになったことはたしかである。（戸川猪佐武著『昭和の宰相　第二巻　近衛文麿と重臣たち』講談社）

またこの著書で戸川猪佐武は、近衛内閣について「近衛は、ソフトで明るい貴族である。加えて、各界各層から、かねて——なにかできそうな期待感をもたれていた。時代の色彩が、ぱーっと明るいフレッシュなオレンジ色に変わった——そんな印象を国民に与えた」として、以下の評論家の徳富蘇峰の言葉を紹介している。

大命の近衛公に降下したるは、風雲堆裡から日光の閃きを眺めたる如く、（中略）雲破れて日輪躍り出したる如く、而して近衛内閣成立の報は、積雲零れ来りて青天白日を望む心地を、我等国民に与えた。我等は実に近衛内閣の前途を祝福すると、礼賛したものである（戸川猪佐武著『昭和の宰相　第二巻　近衛文麿と重臣たち』講談社）

ここで五・一五事件と水戸の関係に触れておかなければならない。

風見章の「憂国演説」に先立つ、一九三二（昭和七）年の血盟団事件の首謀者・井上日召は群馬県前橋の出身であるが、日蓮宗に帰依して水戸近郊の大洗町磯浜町の護国寺（旧立正護国堂）を拠点に政治活動「国家改造運動」を行っていた。

五・一五事件の首謀者とされる橘孝三郎は東茨城郡常盤村（現水戸市）の出身で、水戸中学から旧制第一高等学校に進むが中退し郷里で農業に従事、農本主義にもとづく青少年教育を目指して愛郷塾を立ち上げた。

その運動の過程で、知己の井上日召の行動に同意し、愛郷塾の塾生七人が五・一五事件に加わり、橘自身も逮捕され無期懲役となるが、一九四〇（昭和一五）年の恩赦で出獄、戦後は郷里で執筆活動に従事している。『田中角栄研究――その金脈と人脈』を著わしたジャーナリスト・作家の立花隆は橘孝三郎の甥にあたる。

風見章は橘が愛郷塾を設立する際に資金援助をしており、五・一五事件の八日前に水戸の農村問題座談会で橘と共に参加するなど旧知の関係であった。橘が昭和維新運動に加わるきっかけは、一九二九（昭和四）年の水戸での水戸学講演会での井上日召との出会いであるが、井上日召周辺の海軍将校との交流を通じ、橘は軍部独裁におちいることを警戒し、海軍青年将校らを「善導」することを目指していたが、井上から決起の計画を打ち明けられるとそれを承諾したと言われている。

昭和恐慌による農村疲弊を憂い、愛郷塾の政治進出を決めていたにもかかわらず、橘が同意したのは古賀清志海軍中尉らの熱意と純情にほだされたためとあるが、同時に軍部のみの決起で軍部独裁になる恐れと古賀青年将校を犬死させてはならないと考えたからとされる。

この辺が、水戸人が熱情には殉じるが、物事に冷静、非情になれない精神風土が現れたのかもしれない。激情型で熱しやすく、わきが甘いのである。わきの甘さは包容力につながるが、わきの甘さは思わぬ顛末を招くことがある。橘がこの直前に愛郷塾の政治進出を決めていたと言うことは、恐らく資金援助をしていた風見章衆議院議員の助言があった推察される。そのことからも風見章は五・一五事件の嫌疑が自らにも及んだにもかかわらず、橘被告の裁判で自ら証言台に立ち、「橘が破壊的行動をするような人物ではない」ことを切々と説いた理由が分かるのである。

四月下旬、古賀と橘らは、土浦の料亭「山水閣」で具体的な襲撃の謀議を凝らしている。山水閣は当時の土浦駅前の大和町にあり、海軍が毎日のように芸者を揚げて宴会を開いていた霞月楼、日新楼と共に大正・昭和時代の土浦屈指の料亭であった。海軍青年将校ら五・一五関係者が、毎週火曜日夕刻、この山水閣に集合してクーデター計画を進めていたと言われる。そして、決起の二日前の五月一三日に、海軍側の古賀清志らと愛郷塾側が山水閣で会い、最後の計画を練っている。

当時の芸者の証言として、山水閣での興味ある話が伝わっている。

「霞ケ浦海軍航空隊が出来てから土浦の花街は大いににぎわい、山水閣や霞月楼には海軍関係者が毎晩のように宴会を開いて大騒ぎをしていた。特に満州事変の始まるころから将校たちの宴席での荒れ方は酷くなり、「いも掘り」という無礼講は特に烈しいものであった。

芸者の眼からも見ても、その荒れ方は、戦争が迫ってきたことと、国全体が不景気で気持ちが荒れていたと思われた。ドイツの飛行船ツェッペリン号が霞ケ浦航空隊に来た頃（一九二九年八月一九日）には当時の海軍航空隊副長の山本五十六も部下を連れてよく遊びに来ていた。山本さんは、その後五・一五事件で犬養首相を暗殺することになる古賀清志に、「古賀、お前、何か歌ってみろ！」と言うと、古賀さんはのっそり起ち上がって、「天下を取るまで、俺の体、のみに刺されてなるものか……」という歌をいつも歌っていた。また、山本五十六は、貧乏人の兵隊をかわいがる一方、金持ちの息子たちは嫌っていた。特に、年中家からいろいろなものを送ってくる士官らに対してはとても冷たかった。二・二六事件に加わった山口さんもよく一緒に飲んでいた。五・一五、二・二六の後になるとお座敷もかからなくなって、監視の目も厳しくなり、山水閣も落ち目になり戦争の前に建物も身売りされた。」

確かに、山水閣のあったと思われるところには全く痕跡もなく、近くの霞月楼だけが当時の面影を伝えながら今日なお高級料亭として繁盛している。

この山水閣跡から霞ヶ浦湖畔を南に約三・八キロのところに旧霞ヶ浦海軍航空隊（現・自衛隊武器学校）跡地がある。そこから一五〇〇メートル西方に旧航空隊本部跡地（阿見町）に茨城大学農学部のキャンパスがある。

旧海軍航空隊本部跡地から霞ヶ浦にかけてのエリアは、常陸国風土記の世界に迷い込んだように、桜並木の美しい街路樹があり、旧霞ヶ浦海軍航空隊跡地から見える筑波山は、万葉の歌人や徳富蘆花、藤原宇合、平将門が日々目にした常世の国の美しい霊山であることを語りかけるように、千数百年たった今日でも変わることなく静かに佇んでいる。

長江から黒潮に乗って香取の海にたどり着き、筑波山の北側の雨引山に延命観世音菩薩をおさめ雨引山楽法寺を開基した法輪僧正もこの地の風景に感動したに違いない。徳富蘆花が短編小説

『漁師の娘』で描いた霞ヶ浦の浮島の素朴で豊かな精神生活を営む人々の生活や人生もこれらの情景が育んだものであろう。

自然と共生し調和する人間の幸福のかたちは、物質至上主義と競争原理主義が席巻し、コロナ禍に襲われた今日の時代にこそ、最も尊重されなければならない人類の資産である。思慮を欠いた暴力とテロリズムは許されるものではないが、そもそも決起した海軍青年将校たちの純真な思いは、当時の暗黒の政治情勢に対する怒りであったのだろう。だからこそ、風見章と橘孝三郎は、昭和恐慌で疲弊した農村の若者たちの切実な思いを、橘の農本主義の下、立憲政治の中で発露してほしいと願ったのであろう。風見章の政治家としての高い志と思いが、テロのために実ることがなかったのは残念である。

なお、井上日召を慕って毎週末、霞ヶ浦から大洗詣でをしていた海軍将校の中心人物は、海軍兵学校を出て霞ヶ浦海軍航空隊に転属になっていた藤井斉海軍中尉である。藤井はかねてより孫文はじめ中国・アジアの革命家を支援した国家主義運動の中心人物の頭山満や西田税と交流し、井上らの「国家改造運動」に海軍青年将校として最も早く、最も深くかかわっていた昭和維新運動に関わる海軍青年将校たちのリーダーであったとされる。

佐賀中学校出身の後藤は、海軍兵学校に優秀な成績で入学、最上級生の時には鈴木貫太郎軍令部長の前で学年代表として演説をしている。そこで藤井は「ワシントン海軍軍縮条約の非を訴え、白人が支配する世界の不合理を糾弾し、将来は日本が盟主としてアジアの諸民族を束ね、白人優位の秩序を打破すべきだ」と熱弁をふるった。その時の藤井の壮大な語り口、鋭い着眼、論理の確かさは、多くの学生、教職員に感銘を与えている。

しかし、五・一五事件の源流を生み、青年将校たちに影響を与えた藤井斉は、五・一五事件の三ヵ月前の二月五日に出征した上海で偵察飛行中に対空砲被弾により戦死している。藤井を失ったことにより暴発した五・一五事件は、藤井が存命であれば様相は違っただろうと言われる。

なお推測に過ぎない余談であるが、内閣書記官長時代に風見章と山本五十六は親しく交流しており、これ以前に土浦の料亭「山水閣」で二人が遭遇していたことは考えられる。風見は土浦中学時代に土浦で下宿しており、愛郷塾の橘孝三郎を支援していたことからすれば、土浦の「山水閣」で風見と山本五十六が肝胆相照らす関係になっていたであろうことは容易に想像がつく。

人間の性《さが》は虚しい。とりわけ日本は島国であり、ムラの掟に順わなければ生存できない。しかし、ムラの掟を守るムラの長が人として卓越した精神を持ち合わしていなければ、掟は邪悪な悪魔と化し、民衆を不幸にする。掟は生存社会の戒律であり、掟を行使するリーダーが間違え、自己権力欲に陥れば社会は棄損する。時代が変われども、いま、日本国を覆う「なれ合い、もたれあい、しがらみ」の空気は、日本社会から活力を奪い、民の夢や理想を葬り去ってしまった。残念である。

旧霞ヶ浦海軍航空隊跡地の雄翔館の予科練生の遺品を前にして、霞ヶ浦の静かな湖面と蒼く澄んだ空に抱かれ訓練を積み、戦地に消えた若者や少年の無念さに思いを致さずにはおられない。雄翔館の敷地には、霞ヶ浦海軍航空隊副長であった山本五十六の立像が、穏やかな面持ちで霞ヶ浦を見据えている。

山本は軍部と右翼による暗殺の恐れがあったにもかかわらず、陸軍主導の日独伊三国同盟に命を懸けて最後まで井上成美、近衛文麿、風見章らと反対していたのだ。

また、アメリカのハーバード大学とワシントン大使館の駐在武官の経験から、アメリカの戦力を熟知しており、対英米戦争には一貫して反対しており、マッカーサー元帥もこの山本五十六の心情をほめたたえているほどだ。これらの思いが、風見章と気脈を通じ合えたのだろう。

全力で和平を希求した近衛文麿や風見章、白洲次郎らと陸軍の中国戦線拡大方針に抗したにもかかわらず、最後は対米開戦に突き進んだこの連合艦隊司令官の思いは何だったのか。真珠湾攻撃から八〇年近くたった現在、いまだにその解は見つからない。

白洲次郎が「武相荘」と名付けた旧白洲邸には、風見章が近衛内閣の司法大臣時代に揮毫した「武相荘」の額縁が居間に飾られている。白洲次郎は、武蔵と相模の境にあるこの地にちなみ、かつ白洲次郎のひとひねりしたい気持ち「無愛想」をかけて名付けたという。「無愛想」変じて

「武相荘」、いかにも風見と白洲の信条を語る言葉である。

正義や公徳心は権力闘争では不要であると説く浅薄な政治評論家タレントが、テレビメディアで跋扈し、日本人の世論を曲げて恥じない態度が目につくこの頃であるが、本来、政治は公徳心、高い倫理観、矜持により支えられなければならないものであり、風見章の思いこそ政治の王道である。だからこそ、五・一五事件の後の風見章の渾身の「憂国演説」があったのだろう。

五・一五事件では風見章も水戸での橘との交流を疑われたが、『風見章とその時代』の須田禎一氏はその著で、「風見は橘孝三郎と親交があったが、橘のような小農主義者ではなかった。一九三四年春の第六十五議会の予算委員総会では〝小農制度では日本の農業は立ち行かぬ。小農制を開放して共同経営まで発展させなくては、農村問題の解決はできないのではないか〟と論じ、土地の共同購入を援助すべきことを要求したが、後藤文夫農相は保守的な小農主義者なのでヌカにクギだった。風見はせめてもと、〝農家一年間の食料たるべき収穫物は差押ふるを得ず〟と民事訴訟法改正案を成立させようと努めた。（中略）この民訴改正案は結局成立して負債農民たちを喜ばせたが、風見の念願した〝農村窮乏の打開〟がいつしか政局の中心課題からはずされ、観念的な〝国体明徴の声〟のみが高くなった」と風見自身は国政レベルでの改革を進めようとしていたと語っている。

風見の内閣書記官長就任直後の一九三七（昭和一二）年七月七日、蘆溝橋事件が勃発、近衛内閣は世界の激動に飲み込まれていく。ここで風見章は、米内光正海軍大臣、山本五十六海軍次官とともに、戦線の拡大と泥沼化を懸念し、和平工作を基本とする不拡大方針現地解決主義で挑み、杉山陸軍大臣、東条英機陸軍次官をはじめとする陸軍中枢と烈しく対決し、様々な工作を展開することになる。

当時は既に陸軍では下剋上の傾向が強まり、陸軍首脳部はロボット化して当事者能力を欠いており、後に杉山陸軍大臣を実質的に更迭し、板垣征四郎を陸軍大臣に就任させるが、東条英機次官の妨害工作でことごとく不拡大方針が潰され、その後の戦線拡大へと突入していった。

この辺のいきさつは中公文庫の『近衛内閣』（風見章著）に詳しくまとめられているが、中国戦線での不拡大主義を掲げ、いかに風見章が海軍の山本五十六や白洲次郎などと共に、東条英機をはじめとする陸軍内部の強硬派と壮絶なたたかいを繰り広げていたかが分かり、歴史の歯車を制御できなかった痛恨事が悔やまれてならない。

次に風見章著『近衛内閣』の興味あるエピソード、「陸相更迭工作」と「尾崎秀実事件」の二つを紹介する。

（一）　陸相更迭工作――盧溝橋事件勃発以後の不拡大方針にもかかわらず戦火が拡大し、近衛内閣としては、杉山陸相を更迭することが必要になっていた。

このことについて、近衛手記には、いわく、

「余は、組閣匆々、盧溝橋事件が勃発して、不拡大方針にも拘わらず、戦禍は、ついに、全北支から、更に中支にまで拡大して、その間、陸軍の動向がまったく当にならず、陸相の言も、次々表裏するということで、はなはだしく困難を感じつつあった際とて、対支政策の転換のため、参謀本部の石原莞爾中将の不拡大方針を実行し得る者を、陸相にする必要があった。それ故、特に余自身、陸軍に対し、石原と思想的に連絡ある板垣征四郎大将（当時は中将）を陸相として入閣せしむることを、強硬に申入れた」

そのためには、まず杉山陸相の辞任の意向を確認する必要があり、近衛は陸軍参謀本部総長の閑院宮に手をまわし、杉山陸相の辞意を固めたが、問題は徐州戦の司令官で戦地にいた板垣征四郎中将への工作が必要になった。陸軍に気づかれずにその工作を実現するために徐州に送り込む使者を誰にするか、頭を痛めることになる。その辺のいきさつを『近衛内閣』から次の記述を引

用する。

　こうして、たれにしようかと思案しているところに、ひょっこり、すがたをあらわしたのは、岩永同盟通信社長であった。そこで、ふと思いついたのは、当時、同盟通信の主幹であった古野伊之助氏をわずらわしたら、どうだろうかということであった。そこで、岩永氏に事情をうちあけて、古野氏にたのめないかと言いだしてみたのである。古野氏は、わたしにとっては、若いころからの友人であり、その人となりもよく知っていたので、この人ならば、かならず話はかたずけてくれるし、それに、通信社の主幹というのだから、その立場で板垣氏に会見するのであれば、近衛氏の使者で出かけてきたとは、たれにも気づかれずにすむ、その上まちがいなく秘密をたもってくれると、安心して用事をたのめることがわかっていたからである。

　岩永氏は、さっそく、それがいいと相談にのって、同氏から古野氏に事情をいって、承知するようによくたのんでみると、ひきうけてくれた。近衛氏も古野氏が行ってくれるなら、それにこしたことはないと安心したので、わたしは直接、古野氏に会って、それをたのむことにした。古野氏に会ってみると、事情はすでに知っていて、通信社の仕事からいえば、旅行どころの話ではなのだが、話をきいてみれば国家の重要問題だ。通信社のことなどかまっていられない。それに、板垣はよく知っているから大丈夫ひっぱりだしてやるよと、こころよくひきうけてくれた。そして、事は急ぎだ、すぐに出かける用意をしよう、通信は、専用の無線機をもってゆくから、同盟の暗合をもちいることにしようというので、その暗号表をわたしに貸してくれた。かくて、古野氏は、たしかな日時は忘れたが、四月末に東京をたってくれたようにおぼえている。どんな暗合であったかは忘れたが、古野氏は、これならほかのものにはわからないから安心しろといっていた。

（二）　尾崎秀実事件——元朝日新聞記者、内閣嘱託の尾崎秀実が、ドイツ人リヒャルト・ゾルゲのソ連の対日諜報組織に参加したとして一九四一（昭和一六）年一〇月に逮捕され、他にも数百名が取り調べを受けた事件である。尾崎が内閣嘱託であったことから近衛文麿と風見章にも疑いがかけられたといわれる。東条英機の首相就任（一九四一年一〇月一八日）と同時にゾルゲはじめ尾崎ら関係者約二〇名が逮捕され、ゾルゲと尾崎秀実は一九四四（昭和一九）年一一月七日に死刑執行された。同時に逮捕された西園寺公一は懲役一年六ヶ月（執行猶予二年）、犬養健（暗殺された犬養毅首相三男）は無罪となっている。

この事件を契機に、第三次近衛内閣は一九四一（昭和一六）年一〇月に総辞職し、東条内閣が成立する。真珠湾攻撃はそれから二ヶ月後であり、日本は太平洋戦争へと突入していくことになる。歴史の大きな転換となったのである。次の風見章の文章は尾崎事件から半年後の歴史の大転換の渦中のエピソードについて『近衛内閣』で触れた記述である。

尾崎秀実事件がおこってから半年ほどたって、わたしが司法大臣のころ、ドイツへ派遣した高田正判事が帰国した。この、高田判事は、のちに尾崎の裁判長となったのだが、帰国するとすぐにわたしをたずねてきて、ベルリンでは、尾崎事件は、近衛氏を政界からほうむりさろうとする陰謀によって、でっちあげられたのにちがいないとのうわさが、もっぱらであったとの話であった。

実際この事件については、近衛氏も、わたしも、しばしばいやな思いをさせられた。ふたりとも、この事件については深いかかわりあいがあって、検挙されることにでもなるかのように、いくたびか、うわさされたからである。あるとき、近衛氏をたずねると、「とうとう家宅捜査をうけたそうですね」と心配顔でいうので、事実、そんなことはなかったのだから、ないとこたえると、「そうですか、こんどばかりは、信じていい筋からの話だったので、ほんとうだと思っていた」とのことであった。西園寺公一氏の話によると、尾崎事件で、同氏を尋問した検事は、「あなたがすらすら供述してくれなければ、累が風見さん、近衛さんにまでおよぶことになるかも知れない、まあ、みんなの分をひきうけるつもりで、全部あっさり供述してはどうですか」といったそうだが、こんなことがいわれたとすると、近衛氏やわたしなどが、いやなうわさをたてられたのも、ふしぎではなかったのだ。

尾崎事件を、スパイ事件としてかたづけるのは、ひどい見当違いである。だが、それはそれとして、なるほど、尾崎は第一次近衛内閣時代、内閣嘱託であった。また、かれをその地位に推薦したのは、ほかならぬ内閣書記官長であったわたしである。それに、かれとわたしとは、きわめて親しいあいだがらであった。そして、近衛氏とわたしとは、第一次近衛内閣以来、ずっとひきつづき、政治的に深いつながりをもっていた。しかし、ふたりともこの事件については、ちっとも嫌疑をかけら《ママ》るべき理由がなかったのである。そのことは、われわれふたりが、同事件について予審判事の取調べをうけたおりに、はっきりしたのである。というのは、取調べといっても、その内容は、事件そのものに関係したことではなく、ただ、尾崎との交友関係とか、そのほか、くだらぬことについて、たずねられたというにすぎなかったのである。

風見章は第二次近衛内閣では松岡洋右外務大臣、小林一三商工大臣、東条英機陸軍大臣などと共に閣僚に任命され、第四一代司法大臣（一九四〇年七月二二日～一二月二一日）に就任した。しかし内閣書記官長時代に嘱託として抜擢した近衛の側近の尾崎秀実がゾルゲ事件で逮捕されたことを機に、一九四二（昭和一七）年の翼賛選挙には出馬せず、いったんは野に下り、野人政治家として故郷で農村の青年たちに国のあり方を説くことになる。

戦後は、GHQにより公職追放されるが、一九五二年（昭和二七）年戦後三度目となる第二五回衆議院選挙中選挙区茨城三区に無所属で出馬して国政復帰を果たした。この時の選挙では、定数五に対し一三人が出馬し、佐藤洋之助（四四、一三四票）、赤城宗徳（四四、〇八六票）、山本粂吉（三四、三〇一票）、風見章（三二、七五七票）、丹羽喬四郎（三〇、〇四一票）の五人が当選している。

風見章は、戦後は無所属で二期、その後は左派社会党を経て日本社会党で当選を果たしている。左派社会党では重鎮として日ソ協会副会長、日中国交回復国民会議理事長、アジア・アフリカ連帯委員会代表委員、世界平和評議会評議委員として世界平和実現のため精力的に活動している。

一九五七（昭和三二）年には訪中し、周恩来と会談、岸信介の台湾政権支持方針に反発、翌年には中島健三らと連名で、中国への侵略に対する「反省声明」を発表している。その頃、風見は地元の水海道に帰ると、有力支援者に「周恩来とネール君に会って来たよ」と世界の巨頭との平和外交を楽しむように語っていたと伝えられる。無謀な戦争拡大を阻止できなかった風見の無念の思いが、敗戦後の焦土の中から「平和」こそが人類の究極の目標であることを見据え、深い思いで平和外交の遥かな地平線を見つめさせたのだろう。

地元の支援者で旧家の堀越家には、インド、中国から帰国した直後に風見が揮毫した大きな横書きの『風来門自開』の掛け軸が残る。「風」は風見、「来」は周恩来にかけたのかもしれないが、〝風キタリテ門オノズカラヒラク〟、鮮やかな平和への思いである。書体は、力まず穏やかな枯淡の境地の筆の運びで書かれ、怒涛の昭和を生き抜いた政治家の慈愛と無私の精神を醸し出している。自ら揮毫した墓碑の『巨海納百川』も政治をきわめた達人の柔らかな風にそよぐススキのような自然体の書体であり隙がない。まさに大正から昭和の激動期、そして戦後の復興期に、疾風のように駆け抜けた「野人政治家」風見章。日本の政治に大きな足跡を残した気骨の政治家、信念の日本人であったのだ。

## 4　木訥とした風貌の〝ミスター・クレムリン〟——赤城宗徳の反骨魂

野人政治家・風見章の下妻中学校の後輩が、岸内閣で農林大臣、防衛庁長官、官房長官を務めた赤城宗徳である。赤城は哲学者であり、文学者であり、歴史家であり、屈強な精神の政治家であった。万葉から中世の歴史絵巻が繰り広げられた筑波山麓の西、真壁の里に現れた高い教養と強い意志とに裏打ちされた骨太の政治家であった。風貌からして土の匂いのする人格は、民のために働き、民のための政治に尽くした。

赤城は真壁郡上野村（今の筑西市・旧明野町）の代々名主の家に生れ、旧制下妻中学校から旧制一高、東京大学法学部法律学科を卒業。地元の上野村村長を経て、風見章が近衛内閣の内閣書記官長に就任した一九三七年の衆議院選挙で当選するも翌年に当選無効となり失職する。

一九四二（昭和一七）年に大政翼賛会の推薦で再当選、岸信介と行動を共にするが、戦後、公職追放となる。この時に野に下り、農村の青年たちと語らいながら、終生の研究テーマ、平将門研究に没頭する。平将門についての著作は多数であり、将門に最も寄り添った理解者である。

一九五二（昭和二七）年に第二五回衆議院議員選挙に自由党から出馬、当選。吉田茂政権打倒に動き、一九五五（昭和三〇）年には保守合同に伴い自由民主党に参加、岸派に属した。

一九五七（昭和三二）年に第一次岸内閣で農林大臣に就任、日ソ漁業交渉でソ連のイシコフ漁業大臣と一〇〇日に及ぶ激しい交渉を繰り広げた。ソ連側も赤城の頑として主張を譲らない交渉力に舌を巻き、驚いたと言われる。モスクワでは、赤城の名前からミスター・クレムリン（赤い城）との呼称をいただいているほどだ。がっしりした風貌からも分かるように、岩盤のような強靭な精神の持ち主であり、頑としてソ連のイシコフ漁業相に対峙したのであろう。

この時の赤城の訪ソの経緯の概要は次のような内容である。

一九五六（昭和三一）年の五月に河野一郎農林大臣とソ連のイシコフ漁業相との間で漁業交渉妥結、次いで一〇月には鳩山一郎総理とブルガーニン首相により共同宣言が調印され、ソ連との国交回復が成されていた。さらに一二月には、日本の国連加盟が実現していた。

このような状況下の一九五七（昭和三二）年七月に農林大臣に就任した赤城の重要課題は、平和条約なしのソ連との漁業交渉にあった。しかし一九五八（昭和三三）年初頭、水産業界の大物の平塚常次郎（元運輸大臣、日露漁業社長）が日ソ漁業交渉の首席代表としてモスクワに乗り込んだが、完全に暗礁に乗り上げ、ソ連側の強硬姿勢のため平塚一行は帰国してしまう。

ソ連側は、日ソ共同宣言後一年以上にもなるのに、鳩山内閣に代わった岸内閣が平和条約締結に踏み切らないと非難し、平和条約の締結が漁業交渉の前提であるとして譲らなかった。しかし、日本側では、平塚首席代表も河野一郎も誰も火中の栗を拾おうとしない。このため岸総理、河野一郎、川島幹事長と赤城の四人で鳩首協議をするが、河野一郎も引き受けないため、結局、赤城が首席代表を引き受けモスクワに乗り込んだのである。この時のソ連との漁業交渉では、朝日新聞論説主幹の笠信太郎氏から激励と助言をもらっており、交渉がまとまったのは笠さんのお蔭と赤城が自著『あの日その時』で述懐している。

わたしは、三月十八日に羽田を飛び立ってモスクワに乗りこんだ。（中略）当時ソ連は、まだ、〝鉄のカーテン〟にとざされているなどといわれていた時代である。交渉といっても、日程などの相談にのってこない。向うの都合次第なのだから、いつがよいのか、連絡を待つばかりである。ホテルから外に出るわけにも行かない。ベッドに寝そべって、吉川英治氏の

『新・平家物語』などを読み耽って、交渉の日時を待つより仕方がない。（中略）当時の新聞をみると、〝赤城・イシコフ五時間半の会談〟（三・二五朝日）などの記事があるが、まさにその通りである。会った時が勝負だからネバりにネバった。党第一書記フルシチョフ氏がブルガーニン氏に代わって総理の地位についたのも、わたしのモスクワ滞在中である。

　フルシチョフ氏とも一時間ネバっての会談で、最終の妥結を見た。そして、メーデーの前日ごろにモスクワを立って帰国した

　赤城宗徳と朝日新聞の重鎮・笠信太郎の関係について、赤城は詳しく語っていないが、近衛文麿の私的研究会「昭和研究会」の中心メンバーに、風見章、笠信太郎がいたことから、あるいは風見章が、「笠に助言を求めるよう」下妻中学後輩の赤城に口添えした可能性はある。

　六〇年安保当時、赤城は防衛庁長官であった。岸信介首相から国会を取り囲む数万人のデモに対し自衛隊の治安出動を要請されるが、「自衛隊が国民の敵になりかねない」と猛然と反対したことは有名である。赤城の頑迷さには岸信介も圧倒されたに違いない。しかし、赤城によれば伝えられている内容と実際は少し違っており、事実関係は次のようなことであったと語っている。

　六〇年の安保改正時には、わたしも、たまたま防衛長官として、自衛隊の治安出動を拒否

したということで、よく引き合いに出される。

人の記憶はあやしいものだ。（中略）ところで、新安保条約が衆議院で強行採決されたのが五月一九日、一ケ月後の六月十九日が自然成立の日であり、ちょうどその日にアイゼンハワー米大統領の訪日という予定だった。（中略）六月一九日のアイク訪日が迫るにつれ、政府、自民党内には焦燥感が強まり、警備のため、自衛隊を出動さすべきだ、という声が高まってきた。デモ鎮圧のための出動要請ではなく、アイク訪日警備のための要請だったので、いま、その点を混同している向きがある。閣内の治安閣僚懇談会でも、毎日、情勢を検討しつつ事態を憂慮する。が、けっきょく、警察当局としては、「アイク訪日の際の警備には自信が持てない」ということだった。（中略）

かかる状勢下だから、党内のアセリも高まり、川島幹事長が、防衛庁に脱け出してきて自衛隊の出動の要請に来た。わたしは、自衛隊の出動には、元々反対だった。というのは、――安保阻止勢力のデモ隊を鎮圧するには、一回勝負できめなければ無意味である。そこで、日本人同士が殺し合うようなことになれば、内乱的様相に油をそそぐ。また、丸はだかで主導すれば、機動隊よりも弱体だ。その結果によっては、自衛隊無用論も台頭する。（中略）あれは六月十三日か十四日のことだったろうか。南平台の首相私邸に呼ばれたわたしは、岸首相からじきじきに、自衛隊出動の強い要請を受けた。（中略）わたしは、この事態においいても、アイク訪日に自衛隊を出動させるべきではないことを直言した。悲壮な、まったく息のつまるような一瞬であった。岸首相は腕組みをしたまま、だまって聴いていたが、最後には、ついに納得してくれた。

ところが、このような事態を一変させたのが、六月十五日の全学連の国会乱入事件である。この事件で、女子学生の樺美智子さんが、国会の庭で死亡したことだ。これを契機として、デモ隊の盛りあがりは、凄惨な様相を呈してきた。

翌十六日未明の閣議では、岸内閣は依然としてアイク訪日歓迎に強腰だった。ところが、午後四時から再び閣議が開かれるや、冒頭、岸首相はアイク訪日をとりやめてもらうことにしたいと発表した。（中略）それにしても、紙一重の決定である。あの時自衛隊を出していたらどうなったであろうか。いまでもそれを考えると冷や汗が出る。（赤城宗徳著『あの日その時』文化総合出版）

まさに日本の一番長い日のような緊迫した情勢の中で、民に寄り添い、民と共に歩むもう一人の「野人政治家」の存在が、戦後最初の日本の危機を救ったのである。赤城宗徳の決断と覚悟がなければ、日本は内乱状態となり凄惨な事態を招いたに違いない。赤城の「日本人同士が殺しあうようなことになれば、内乱的様相に油を注ぐ」との思いは、まさに徳川慶喜が外国勢力に翻弄され日本国内が分断され、内乱状態になることを避けるために大政奉還した水戸学の精神に殉じたものと言える。水戸学の精神は、激烈な行動主義がその真骨頂と思われがちだが、「平和主義」こそ基本の精神なのである。

しかしその後、一九六二（昭和三七）年には、岸が派閥を福田赳夫に譲ることが明らかになると、赤城は猛然とこれに反発し、川島正次郎、椎名悦三郎らと川島派を結成、岸と決別している。その後、川島派を継いだ椎名派を支えるも、椎名派が解散すると三木派、河本派に加わっている。この辺りの行動は、将門の反骨を彷彿とさせる「水戸っぽ」の血脈のなせる業だ。

自民党総務会長時代には、大平正芳官房長官に「法案の閣議決定前に自民党総務会に連絡されたし」と書簡を送り、現在の自民党総務会システムを作っている。議会制民主主義の基本を堅持し、官邸、役人の独走をけん制したのだろう。

このシステムがあるにもかかわらず、岸信介の孫である第九八代内閣総理大臣の安倍晋三は、ことごとく勝手な法解釈で独走し、恣意的な官僚人事を謀り、新型コロナウイルスでも小中高の強制休校や大規模催しの自粛など、政治主導のもとに官房長官にすら事前了解なしに独断専行する権力の乱用を行った。官邸官僚の暴走する官邸主導は、民意を踏みにじる悪しき政治システムであり、まるで戦前の陸軍軍部の暴走のようなものであった。

また、手続きなしの東京検事長の定年延長の解釈変更、森友問題での自殺した財務省職員の遺書が公表されても平然とこれを無視する安倍晋三首相の様々な乱行を赤城宗徳が知ったらどうするだろうか。それは鬼の形相で猛然と反発し、嘘を嘘で上塗りする政治の現状を許すことはないだろうと思われる。直ちに安倍晋三内閣打倒で動いたに違いない。残念ながら、結党当時の自民党と全く〝異形の政党〟になった今の自民党には、政党政治の活力すら失われている。官邸官僚と劣化したメディアの独走を止めることが出来ないのである。かろうじて自民党草創期の自民党の反骨の精神を伝える筋金入りの党人派政治家の二階俊博幹事長が党人政治家の矜持を示しているが、官邸「内閣人事局」の掌握した人事権による強権・恐怖政治の影は、官僚そしてメディアの萎縮を招いている。

かつては吉田茂内閣倒閣に動き、岸信介が勝手な派閥禅譲を画策すればこれを許さず、大平正芳には議会制民主主義の筋を通すことを学ばせ、日米安保では自衛隊の治安出動を拒否、ソ連との漁業交渉では一歩も譲らず一〇〇日ものタフネゴシエーターぶりを発揮した赤府宗徳。これらの不屈の強靭な反骨心は党人派政治家の真骨頂であり、国民のための政治を貫いた気骨ある政治家の行動であるに違いない。郷里の先輩・風見章にも引けを取らない「野人政治家」赤城の姿に驚嘆する。

赤城のこの強い精神はどこで育まれたのか。下妻中学の先輩、風見章とともに美しいが切り立った筑波山とその山系の姿を見て育った精神風土にあるのかもしれない。静かで穏やかな山並みであるが、古くは平将門が疾駆し、近くは天狗党が敦賀に向かい進軍し、加波山事件が勃発した筑波の山並み。荒ぶる正義心が反骨となり、人を突き動かしてきたのである。

この赤城には、『平将門』（産経新聞社、角川新書）はじめ『将門記　真福寺本評釈』『将門地誌』『赤城宗徳と平将門』『私の平将門』『苦悩する農村　農業問題管見』『わが百姓の記』など著書が多数ある。とりわけ『将門研究』の第一人者でもあったのだ。そして赤城宗徳の精神には将門が棲んでいたに違いない。

赤城の将門像は、『神皇正統記』『日本外史』『大日本史』などの将門逆臣説を一部認めながらも、権力に対する反逆あるいは官庁役人に対する犯罪はあるにしても、皇室、天皇に対する反逆的心理も態度もないのではないかと好意的に見ている。『神皇正統記』や『大日本史』が、一方的に将門を反逆者として一刀両断にしていることに猛然と反発しているのだ。藤原鎌足とか、維新における水戸の斉昭や志士のとった態度は、いずれも権力に対する反発であって、天皇に対して反逆的ではなかったのではないかという視点で、将門研究を続けてきたと述べている。天皇は権力を超越した日本独自の存在であり、五・一五事件の橘孝三郎が晩年には膨大な「天皇論」を書き上げていることにも触れている。

また赤城は幸田露伴の『平将門』によって将門の行動や人となりを知りえたが、様々な小説や史伝的なものでは大岡昇平の『将門記』が優れた著述としている。赤城の将門像は、「反逆」ではなく、「反骨」であったとみていたのである。

常陸国の政治の流れは、「反逆の系譜」と「反骨の系譜」が複雑に織りなして歴史の濁流に飲み込まれているが、その源流となる精神は反逆ではなく反骨であったことは間違いない。

一方で、赤城は郷土の作家、長塚節を高く評価している。スタインベックの『怒りの葡萄』、パールバックの『大地』と共に長塚節の『土』によって、日本の農民の深刻な苦しさを知る。そして農民の貧困は政治の貧困でなくて何であろうかとして、郷土の生んだこの偉大なる作家・長塚節の作品を通じて農民と農村の問題に、今更ながら強い反省を禁じ得ないと断じている。このような思いは、飯村丈三郎、風見章の思いに通じるものであり、まさに「民の政治」の原点であろう。


上野村の赤城の生家からは、切り立つ筑波山の双峰を仰ぎ見ることが出来る。

「近代茨城の父」飯村丈三郎の生家も近い。風見もまた、この筑波山の原風景の中で、水海道から下妻に通学していたのだ。平将門も、桜田志士も、天狗党も、この筑波を疾駆して歴史に消えている。土浦の海軍航空隊の若者たちも、訓練飛行で筑波山の美しい稜線を脳裏に焼き付け、無念の思いで戦地に赴いていることだろう。

土浦「山水閣」で部下たちと豪快に交流した海軍大将・山本五十六もまた無念の思いで、最後は連合艦隊司令官としてソロモン諸島のブーゲンビル上空で太平洋の大海に消えている。

筑波山と霞ヶ浦は、古代万葉の時代からこれらの歴史の転換期に、精神風土の原風景として「青山白雲」の景観が人々の心を育んできたことは明らかである。

飯村丈三郎翁の政治理念の世界に育ち、下妻中学が生んだ二人の政治家は、戦後は政治家として歩む道は違ったが、一九六一（昭和三六）年一二月二〇日に風見が逝去すると、翌々日の二二日には衆議院本会議冒頭で全議員が黙祷し、下妻中学の後輩である赤城宗徳が追悼演説を行った。かつて、風見の選挙運動を手伝ったことのある赤城の追悼演説は政治家としての真心であり、多くの日本人に感銘を与えている。赤城の追悼演説は次の通りである。


ただいま議長から御報告のありました通り、本院議員正三位勲一等風見章君は、本月二十日早暁、関東逓信病院において逝去せられました。

私どもは、去る十一月君が病気のため入院せられたと伺い、心から御回復を祈っておりました。しかるに、ついに御本快を見るに至らず、思いがけない悲報に接しましたことは、まことに痛恨きわまりないものがあります。

私は、ここに、諸君の御同意を得て、議員一同を代表して、つつしんで哀悼の言葉を申し述べたいと存じます。（拍手）

私は、君とは郷里を同じくし、下妻中学の後輩であるばかりでなく、かつて三十数年前には君の選挙を応援したこともあり、その後、今日に至るまで常に親交を重ねて参りました。君の高潔な、そして、人なつこい人柄には、日ごろ深い敬意を抱いていたものであります。今この壇上に立ち、ありし日の君の面影をしのぶとき、万感こもごも胸に迫って哀悼の涙を禁じ得ない次第であります。

風見君は、明治十九年二月、鬼怒川のほとり、茨城県水海道市の旧家に生まれ、長じて早稲田大学政治経済科に学ばれました。早稲田在学中、君がかねて私淑しておられた教育界の重鎮杉浦重剛先生の称好塾に起居し、日夜親しく先生の薫陶を受けて、勉学に励まれて参りました。以後の君の活躍の素地となった、野にあって名利にとらわれず、あくまでみずからの信念を守り抜くという強い精神は、おそらくこの塾生活において体得されたことと存じます。

明治四十二年早稲田大学卒業後、君は文筆をもって世に立とうとし、大阪朝日に入社し、その記者となられました。そのすぐれた識見と深い学識とは広く世人の認むるところとなり、大正十二年には地方新聞の雄として名声を博していた信濃毎日に抜擢せられ、直ちに主筆兼取締役の重職につかれました。その後数年間、君はますます研さんを重ねて健筆をふるい、世論の指導と啓発に大きな功績を残されたのであります。

君は、かねてより抱懐する理想を現実政治に移すべく、昭和五年二月の第十七回衆議院議員総選挙に茨城県第三区から出馬してみごと当選せられ、本院議員の栄誉を獲得せられました。かくて、少壮政治家として、時あたかも恐慌下にあった農村の救済のために専心努力されたのであります。当時における君の革新的な意見とすぐれた文才は、間もなく一般の注目するところとなりました。

昭和十二年、第一次近衛内閣の成立に際し、近衛首相の懇望によりまして内閣書記官長の重職につかれ、非常な期待をもって世の中からも迎えられたのでありますが、はたして野人風見、野人書記官長として内外から好評を博されたのでありました。次いで、十五年七月、第二次近衛内閣に司法大臣として入閣されました。そのころのわが国内外の情勢は、対中国関係を初め複雑困難をきわめ、その間に処して、君はなみなみならぬ苦心と努力を払われたのであります。しかし、時代の勢いはせっかくの君の志をむなしくさせ、ついに野に下って雌伏するのやむなきに至ったのであります。

戦後、郷里に帰り、筑波の峰をながめて、文字通り晴耕雨読の日々を送り、農村の子弟の指導育成に当たっておられました。君は、かつての政治家としての歩みに対し責任を深く反省して、祖国立て直しのためには、力及ばずとも人一倍に骨も折り、人一倍に働きもしなければならないという決意を固め、昭和二十七年十月の第二十五回総選挙に再び出馬し、本院に復帰されました。以後、衆望を負うて毎回連続当選し、今日に至ったのであります。

本院に復帰された当時は無所属でありましたが、その後、昭和三十年には社会党に入党され、間もなく党の顧問に推され、練達たんのうの大先輩として党内外の信望を集めておられました。

君は、特にアジアの平和、進んで世界平和の実現を悲願として活躍されておりました。さきには、日中・日ソ国交回復国民会議理事長として、日ソ国交回復の契機についても一つの大きな役割を演じ、その後は日中関係の打開に専念しておられました。これがため、老躯を顧みず、しばしば中共、ソ連、ベトナム、北鮮等にも渡り、たゆまぬ努力を続けられてきたのであります。

君は、本院議員に当選すること前後九回、在職二十一年六カ月に及んでおられます。この戦前、戦後を通じる長い期間にわたって、国政審議に当たり、議会政治の発達と国民の幸福増進のために尽力し、きわめて偉大な功績を残されたのであります。

風見君は、まことに清廉高潔な人格者であり、頭脳明晰で、まれに見る重厚な性格でありました。いわゆる典型的な外柔内剛の君子人と申すべく、きわめて穏やかな人柄ではありましたが、常に憂国の至情と、何事も徹底せざればやまざる気魄を内に込めて、半世紀にわたる激しい風雪の時代を貫き通されたのであります。

君は、また、非常な読書家であり、東西の学に通じ、ことに漢学の素養が深く、漢詩をよくせられ、また、和歌にも長じておられました。しかも、常に国語の平易化を唱え、努めてやさしい言葉を使うよう心がけておられたのであります。このような君の見識の一端は、晩年の著書である『祖国』に明らかにうかがわれるところであります。

君は、また、座談に巧みであり、農村の青年を集めては座談会を開き、日ごろの信念をじゅんじゅんとして説き、新しい農村のあり方について語り合われたのであります。君の辺幅を飾らない庶民的な態度と、わが国の将来を思う熱情とは、郷土における信望をますます高め、郷里水海道市からは名誉市民をもって遇されておりました。

今や、内外の情勢はますます多事多難であり、私ども国会議員の責務も一そう重きを加えつつあります。このときにあたり、風見君のごとき見識の高い、真に国士の風格ある政治指導者を失いましたことは、国家国民にとり、まことに大きな不幸でありまして、哀惜の情いよいよ深いものを覚える次第であります。

ここに、君が生前の功績をたたえ、その風格をしのび、心から御冥福をお祈りして、追悼の言葉といたします。（拍手）（『官報　号外』昭和三十六年十二月二十二日　第四十回衆議院会議録第三号）

ここで改めて、この風見章、赤城宗徳に先駆けて、一八八〇（明治一三）年、自由民権運動に身を投じ、国会開設に尽力し、板垣退助、大隈重信らとともに立憲政治の実現に全力を尽くした一人の政治家がいたことに思いを致さなければならない。「近代茨城の父」と称せられる飯村丈三郎である。一九二七（昭和二）年に東京駅近くで交通事故のため急逝したが、政財界に大きな足跡を残した近代茨城の巨星である。

風見章は一八八六（明治一九）年、赤城宗徳は一九〇四（明治三七）年の生まれであるから、飯村が七四歳で生涯を閉じた年には、風見章は四一歳、赤城宗徳二三歳であった。この頃、風見は信濃毎日新聞主筆、赤城は東京帝国大学法学部法律学科を卒業している。

ジャーナリストとして豊富な経験を有する言論人の風見と、東京大学を卒業したばかりの赤城にとって、同じ下妻の偉大な政治家・実業家である飯村丈三郎の死は、大きな衝撃を以て受け止めたに違いない。特に飯村丈三郎の知遇を得て政治の道に突き進んだ風見は翌年に衆議院選挙に挑戦、赤城は地元の上野村村長に就任している。風見、赤城とも故郷の偉大な政治家・飯村丈三郎の存在には大きな影響を受けていたのである。

いずれも少年期より筑波の切り立つ双頭の霊峰を見ながら、豊かな田園の恵みに浴し、国家と国民の思いに寄り添い、気骨ある人間としてゆるぎない政治への思いを胸にしていたに違いない。

水戸学の気風と報恩感謝の心を明治の新時代に橋を架けたのが飯村丈三郎であり、大正から昭和の激動期にその精神を受け継ぎ政治に挑んだのが、風見と赤城である。公平無私にして、民の心に寄り添い、議会制民主主義の舞台に仁王立ちして日本国と国民の未来のために、平和の実現に邁進したのである。歴史の中で、これらの先達の精神を風化させてはならない。改めて、飯村丈三郎、風見章、赤城宗徳の強靭な精神と人間としての矜持と向き合うことが、現代のわれわれに課せられた大きな課題であろう。『常陸国風土記』の世界から脈々と流れるこれらの気質は、これからも数千年の未来までをも貫く人間の叡智のことである。

## 5　佐藤栄作と田中角栄の〝大番頭〟――国政の王道を歩んだ橋本登美三郎

佐藤栄作の「佐藤派五奉行」の一人として佐藤内閣の内閣官房長官、建設大臣、運輸大臣を歴任し、佐藤栄作退陣後は田中角栄を擁立、激烈を極めた角福戦争を勝利に導き、田中政権の大番頭として自民党幹事長に就任、剛腕をふるった橋本登美三郎。池田勇人の高度成長路線の後の佐藤内閣で戦後の国家的課題である日韓条約、沖縄返還を成し遂げ、田中角栄の日本列島改造計画推進に辣腕ぶりを発揮し、敗戦後の日本国の大躍進の番頭役を担ったスケールの大きな政治家である。〝国政の王道〟を歩んだ、まさに戦後保守本流の政治の矜持を示した大政治家である。佐藤栄作内閣と田中角栄内閣の創造主である。

しかし、橋本には六〇年安保での闇勢力との関係や成田空港の強引な建設地決定、さらには政治生命を絶たれることになったロッキード事件・全日空疑獄など負の側面が付きまとっていた。とりわけ、受託贈収賄罪で逮捕された全日空疑獄は致命的であったが、逮捕された後、自民党を離党して挑んだ一九五一（昭和二六）年一二月と五四（昭和二九）年一〇月の総選挙でもトップ当選を果たした。五五（昭和三〇）年の衆参同日選挙では四八〇〇票の僅差で落選し政界を引退したが、引退後も隠然たる力を発揮して実力者ぶりは健在であった。

橋本は武士の矜持として、ロッキード事件の真相を語ることなく最後まで沈黙を守り通した。橋本をよく知る多くの人は「先生はあのようなことをする人ではない。誰かをかばって無言を通した」と語る。口を開けば自らの潔白を証明できたにもかかわらず、沈黙を通し、罪を背負ったのである。

橋本が立役者となって佐藤栄作政権を作ったが、その佐藤栄作はロッキード事件が勃発した前年の一九七五（昭和五〇）年六月三日に逝去してこの世になく、田中角栄は既に逮捕されていた。果たして橋本が自らを犠牲にしてまで守らなければならなかった人物は一体誰なのか。あるいは守るべきものは何だったのか。それは恐らく政治家の矜持であり、「政治家の節操」なのだろうが、橋本の無意識な深層心理には、母への敬慕があったのではないかと思われる。

しかし、ロッキード事件が勃発し、橋本が逮捕された翌年の一九七七（昭和五二）年三月、ロッキード事件で公判中の橋本は、自らが建立した慈母観音の境内本堂前で、茨城県大洗町在住の暴漢に登山ナイフで刺され重傷を負っている。さらにその翌年の七八（昭和五三）年一〇月には不審火により、慈母観音本堂の祭壇、たたみなど一三二平方メートルを焼失している。その日のうちに鹿島郡大野村（現鹿嶋市）在住の男が、放火をしたと自首しているが真相はわからない。不気味な事件が相次いだが、この二つの事件は何だったのか。不可思議な、薄気味悪い事件である。

橋本が晩年、人間復興を願って建立した慈母観音のある奈良薬師寺の末寺・潮音寺は潮来の地にある。ロッキード事件勃発の前年、一九七五（昭和五〇）年六月五日に開山されている。橋本は、慈母観音建立に関して次のように述べている。

佐藤さんは、佐藤政権の末期から一人静かに写経に打ち込むようになった。こういう心境は、心ある政治家ならば、一言の説明がなくても、心の琴線に響くものである。政治は決してテクニックではない。単なる法律でも行政でもない。現代政治が貧しいものになったのは、政治が低い行政次元のところに低迷しているからではないか。私は昭和四四、四五年ごろから〝政治と心〟について深く思うところがあった。

そうして日本民族の魂の古里を守る見地から「飛鳥古京を守る議員連盟」という会をつく

り会長になった。（中略）また長い間私の念頭にあった「慈母観音建立」という大きな夢を、いよいよ現実のものにしようと動き出したのもそのころである。この夢をたぐっていくと観音信者だった母に行きつく。しかし単に母の慈愛に報いるためなら、観音様のお堂を建てれば足りるであろう。私の構想は、そういう私的な情を越えて、仏心を基本にした社会教化運動の大本山としての役割を果たしたいというものであった（中略）

三十三観音のうち瑠璃観音は東魏の天平年中に顕現し、蛤蜊観音は唐の文宗帝の大和五年に顕現したとの史実にあります。今こそ慈母観音が顕現しなければならないと確信した。（橋本登美三郎著『私の履歴書――激動の歩み』永田書房刊）

こうして一九七五（昭和五〇）年六月五日、「水雲山潮音寺慈母観音開眼落慶法要」は薬師寺の高田好胤奈良薬師寺管主が大導師をつとめて営まれた。この開眼法要の二日前、六月三日、橋本の心の盟友・佐藤栄作元総理は不帰の客となり、橋本は寛子夫人に相談し、「策願院釋和栄」の戒名を霊堂に、絶筆の軸を記念館に納めることにした。

また、前総理の田中角栄は開眼法要の二日後にお参りに来て、十数メートルの楠木を記念植樹している。田中も橋本も、まさかこの翌年、ロッキード事件が突然炸裂し、ロッキード疑獄の嵐が吹き荒れることになるとは予想もできなかっただろう。

ロッキード事件とは、アメリカの航空機大手メーカー、ロッキード社による航空機の受注をめぐる世界的な大規模汚職事件であり、日本では全日空の新機種導入選定をめぐり、田中角栄元首相や橋本登美三郎元運輸大臣、佐藤孝行元運輸政務次官が逮捕された戦後最大の疑獄事件である。ロッキード社のコーチャン副会長とクラッター元東京駐在事務所長から、ロッキードの秘密代理人の児玉誉士夫に二一億円が、トライスターの全日空への売り込みコンサルタント料として渡された。そのうちの五億円が小佐野賢治や丸紅を通じ、田中角栄に渡されたとされる。

ロッキード事件の全日空ルートで橋本が逮捕されたのは、一九七六(昭和五一)年の八月二一日である。ロッキード事件特捜本部は、七〇(昭和四五)年一月から七一(昭和四六)年七月までの運輸大臣在任中に全日空へのエアバス導入延期にからみ全日空から五〇〇〇万円を受け取った受託収賄容疑で逮捕したのである。

これに先立ち元運輸政務次官佐藤孝行が逮捕されており、橋本、佐藤の逮捕をもってロッキード事件の政府高官への捜査の山は越したとされ、ロッキード事件の他のルートの捜査は急速に沈静化していった。

特にロッキード社から児玉誉士夫に流れた二一億円の資金の解明は未解決であった。なぜ、ロッキード事件の児玉ルート、丸紅ルート、全日空ルートのうち本筋ではない全日空ルートが突然浮上したのか。そして橋本、佐藤が全面否認したにもかかわらず一審、二審とも有罪となったのか。

橋本は一審の最終弁論で「死にも勝る屈辱と苦痛を与えた人々に限りなく憤りを覚える」と強く慨嘆し、ロッキード事件との関係を強く否定した。二審でも江戸英雄・三井不動産会長が情状証人に立ち「金銭には清廉、潔癖な人柄。領収書も出さず初対面の人間から金をもらうなど考えられない。公正妥当な判決を求める」と証言している。

江戸英雄は茨城県筑波郡作岡村の出身で、下妻中学、旧制水戸高校から東京大学を出て、三井グループの中興の祖と言われた傑物であり、東京ディズニーランドや筑波研究学園都市建設をした水戸人である。

橋本自身は二審閉廷後、「航空機の大型化については、あくまで航空の安全性確立を第一にしたが、判決はこれを無視した。金銭の授受は全くない。最高裁の宣明書は明らかに憲法違反であり嘱託尋問調書を証拠提出したのは不当である」として最高裁に上告したのである。橋本の気性からすれば、不正なことは天地神明に誓ってありえないとする怒髪天を衝くほどの怒りに打ち震えたに違いない。

この嘱託尋問調書の問題は、日本の刑事訴訟法の規定にない方法でロッキード社副会長のコーチャンらに証人尋問がなされたことにある。コーチャンら米国在住の被疑者に対して、東京地検が東京地裁に証人尋問を請求し、東京地裁から嘱託して米国の裁判官に尋問してもらう方法をとったことにある。また、コーチャンらに刑事責任免責の約束をして黙秘権行使をさせない措置をとって調書をとったことと、当時の最高裁判例で検察官の不起訴の約束に基づく供述は証拠能力がないとされていたため、米国地裁は「東京地検の不起訴の約束が米国の刑事免責に当たるかどうか」の懸念を表明し、日本の最高裁判所の明確な判断がなされるまで嘱託尋問調書を日本に伝達しないことを決定した。このため最高裁は「本件各証人（コーチャン等）がその証言及びその結果入手されたあらゆる情報を理由として、公訴を提起されることはないことを宣明する」という宣明書を発行し、検察は嘱託尋問調書を入手出来たのである。

しかし、一九八二年の全日空ルート東京地裁判決から一三年後の九五（平成七）年二月二二日の最高裁で丸紅ルートの檜山広、榎本敏夫の上告が棄却された際に、「嘱託尋問調書」に関する判断が覆された。最高裁は、全裁判官一致で、刑事訴訟法及び憲法の趣旨に則り、刑事免責の約束をしたコーチャン等の嘱託尋問調書を、違法収集証拠と断定し、証拠能力がないとして証拠排除したのである。つまり有罪の証拠にしてはならないとされたのである。

この嘱託尋問調書が刑事訴訟法の精神に反すると判断された時には、橋本登美三郎（一九九〇年死去）も田中角栄（一九九三年死去）も既にこの世の人では亡くなっていた。

橋本が、「死にも勝る屈辱と苦痛を与えた人々に限りなく憤りを覚える」として、一三年前の二審閉廷後に「最高裁の宣明書は明らかに憲法違反であり、嘱託尋問調書を証拠提出したのは不当である」と憤って語った主張は正しかったのである。無念である。あまりにも不条理である。

かつて、学生時代に「決して国に迷惑をかけるようなことはしなさんな。その点はくれぐれも間違いないように」と母親に説諭された言葉を橋本自身が噛みしめたのではないか。大きくて温かな母の慈愛こそが橋本の政治家としての源泉であったのである。母親の信頼を裏切るようなことは、橋本自身が断じて許せないことであったのだろう。

そして、橋本は「深い闇」の正体を見抜いていたに違いない。だからこそ不正を許さない橋本の気性をよく知る「闇の正体」が、暴漢を使い凶刃と放火という二度にわたる卑劣な警告に及んだのではなかったのか。それでも橋本は沈黙を守り、罪を背負ったのである。児玉の先の「限りなく深い闇」はいまだに解明されていない。

橋本が『私の履歴書』で、「政治は決してテクニックではない。単なる法律でも行政でもない。現代政治が貧しいものになったのは、政治が低い行政次元のところに低迷しているからではないか。私は昭和四四、五年ごろから〝政治と心〟について深く思うところがあった」と警鐘を鳴らしたように、政治が本来の民のための「慈愛の心」を忘れてしまったのだろう。政治を志し、政治の王道を歩み続けた橋本にとって最も悲しむべき祖国の姿になってしまったのだ。そのために橋本は三四番目の慈母観音の顕現にすべてを託したのであろう。

同時に橋本の「政治は決してテクニックではない。単なる法律でも行政でもない」との言葉は、今の国会審議を見ていても痛切に感じることである。法律の解釈変更、言い逃れ、言い訳、虚言、文書改ざん、隠ぺい、忖度と驚くべき政治の貧困であり、「政治家の節操」が皆無なのである。恐らく橋本は、このころ既に、政治の貧困、政治の劣化の萌芽を見抜いていたのだろう。私の知るかぎり茨城県の自民党もこの頃から末端組織の劣化が始まっていた。戦中戦後と気骨ある政治家が築いた自民党という保守本流の牙城が末端から腐り始めたのである。国会では世襲が跋扈し、それに群がる保守の支持基盤が利害得失で結びついたところに要因があるのかもしれない。日本の民主主義の根腐れが始まっていたのである。とりわけ小選挙区制導入がその流れに拍車をかけ、今日の惨憺たる政治の貧困を招いたのである。「国破れて山河在り」ではなく、「国栄えて政治なし」となったのだ。

この上告をした時（一九八七年）、橋本は八五歳。ロッキード事件勃発から既に丸一〇年が経っており、年齢からくる衰えは隠せなくなっていたが、毅然として無罪を主張する姿にはいささかの曇りもなかった。しかし、上告から四年後の一九九〇（平成二）年一月一九日、橋本は東京都渋谷区の日本赤十字社医療センターで慢性呼吸器不全のため八八歳で逝去。これにより最高裁は公訴棄却を決定した。これでロッキード事件の全日空ルートの闇に完全に蓋がかぶされたのである。

橋本が亡くなる六年前の一九八四（昭和五九）年一月には、戦後「闇ルート」のフィクサー児玉誉士夫が死亡、同じ年の一一月には小佐野賢治が死亡しており、闇ルートに深く関わる二人のフィクサーもこの世にはいなくなってしまっていた。戦前から闇ルートに深くかかわり、ロッキードの代理人の児玉誉士夫が亡くなったことは、本筋の児玉ルートの真相の闇を闇から闇へ葬ってしまったようなものだ。児玉が入院していた東京女子医大では、当時、児玉の関係者が身辺を厳重に警戒しており、直接面会出来た人物は二名だけだったという。それが誰だったのか、今となっては突き止めることは不可能だ。恐らく「闇ルート」の巨魁であったに違いない。

児玉は、戦前中国に渡り、一九三七（昭和一二）年には外務省及び陸軍参謀本部の嘱託として汪兆銘傀儡政権樹立工作にかかわり、真珠湾攻撃直前には笹川良一の紹介で海軍軍需物資調達のため上海に「児玉機関」を設立し暗躍した。巨額の富を築き、終戦前日になぜか上海から朝日新聞社機で金の延べ棒、プラチナ、ダイヤモンド、ヒスイなどの財宝を持ち帰ったと言われる。

戦後はA級戦犯容疑者として巣鴨刑務所に三年拘留されたが、岸信介、笹川良一などとA級戦犯が免罪されると、巨額な富を原資に自称CIAエージェントとして日本の政界に隠然たる力を誇示してきた。巷間伝えられるところでは、岸信介、笹川良一、児玉誉士夫らが暗躍する「暗部」が存在し、戦後はアメリカの対日反共工作部隊としてこれらのフィクサーが機能してきたことは事実であろう。

そして今、橋本が慈愛の思いを込めて建立した潮来の慈母観音潮音寺境内は、「夏草や兵どもが夢のあと」の情景にある。栄枯盛衰、はかないものである。

慈母観音開眼法要から三五年後の二〇一一（平成二三）年三月一一日、突然襲った東日本大震災による液状化にみまわれ、元々霞ヶ浦の埋め立て地に建立された境内も壊滅的な惨状となり、広い境内に一六棟あった建物が四棟のみ残してすべて解体を余儀なくされたのである。橋本登美三郎が逝去してから二一年後のことである。

建立当時は賑わいを見せたという参道もなくなり、境内には人影もまばらであり、かつて奈良薬師寺の高田好胤管主や田中角栄元首相が訪れた水雲山潮音寺の境内では、往時の姿をとどめるものはない。ただ橋本登美三郎が思いを込めた慈母観音だけが、今なお静かに本堂に安置されているのである。

しかし橋本を襲った戦後最大の深い闇の真相は闇のままだ。恐らく橋本の沈黙は、「政治家の節操」に殉じたことに尽きるのだろうが、その代償が余りにも大きすぎるのである。いずれ遠からず、橋本の「日本人としての矜持」に敬服し、橋本登美三郎という偉大な政治家の汚名が払拭され、名誉を回復しなければならない時が来るだろう。

この潮来の潮音寺のご本尊は、ロッキード観音ではなく、「慈母観音」なのである。「水雲山」とは、『常陸国風土記』の霞ヶ浦の淡水と、筑波山の穏やかな稜線と、限りなく澄み切った空の光景のことではなかったのか。橋本登美三郎の政治への覚悟と夢と浪漫が、そこに詰まっているはずだ。徳富蘆花の『漁師の娘』が、そして山本五十六が、そして橋本少年が仰ぎ見た筑波山の紫峰と霞ヶ浦の湖面は今なおその穏やかな風景を湛えている。


ロッキード事件は、戦後の日本の政治史を揺るがす一大疑獄事件であった。今太公ともてはやされ飛ぶ鳥を落とす勢いだった田中角栄が逮捕されただけでなく、関係者が次々と逮捕され政界の中枢に及んだのである。さらに関係者の相次ぐ変死が世情を騒然とさせたが、もう今では関係者は誰一人として生存していない。しかし、その後の様々な証言から、不可解な点が残る戦後の日本の深い「闇」として風化することはないだろう。

春名幹男の『ロッキード疑獄』（角川書店刊）によれば、流布される陰謀説には「誤配説」「ニクソンの陰謀」「三木の陰謀」「資源外交説」「キッシンジャーの陰謀」の五つがあり、田中逮捕に隠されて巨悪が訴追を免れたとある。巨悪とは誰なのか。数多くの関係者の相次ぐ不審死が真相を闇に葬り去った。春名幹男の『ロッキード疑獄』によれば五つの陰謀説の概要は次のようなものである。

①誤配説＝ロッキード社の文書が、事件を最初に暴いた米国上院外交委員会多国籍企業小委員会の事務局に誤って配達されたため、事件が発覚した。

②「ニクソンの陰謀」＝米国のニクソン大統領は、ロッキード社製旅客機L一〇一一トライスターの購入を田中に求め、同意した田中を嵌めた。

③「三木の陰謀」＝三木武夫首相が政敵、田中角栄前首相の事件を強引に追求した。

④「資源外交説」＝日本独自の資源供給ルートを確立するため、田中が積極的な資源外交を展開、米国の虎の尾を踏んだ。

⑤「キッシンジャーの陰謀」＝田中角栄に近かった石井一元国土交通長官が、伝聞情報などをもとに著書に記した。

——等々いくつかの陰謀説があるが、米国の謀略と言われる要素が複雑かつ輻湊的に絡み合い、時間とともに風化し真相は闇に葬られたままである。田中逮捕から四五年近くたった現在も「戦後最大の闇」が解明されることはない。

田中角栄が外為法違反で逮捕された一九七六（昭和五一）年七月一七日当時、私は時事通信ニューヨーク総局にいた。昭和天皇訪米の翌年、アメリカ独立記念日二〇〇年祭式典から二週間後のことである。逮捕されたのは日本の朝午前六時五〇分であったから、ニューヨークでは夕方一七時五〇分であった。

この日は、マンハッタン・パークアベニューのザ・ウォドルフアストリアホテルで邦銀のニューヨーク支店開設レセプションがあり、関係者ともいえる丸紅や三井物産、日商岩井などの総合商社はじめ銀行、新日鉄など日本企業の現地トップが集っていたが、直前に伝えられた時事通信の「田中逮捕」のフラッシュニュースの話題で騒然としていた。日本の最大の権力者が逮捕されたのであるから、その衝撃はニューヨークの日本企業社会にとってメガトン級であった。

橋本登美三郎の『私の履歴書――激動の歩み』には、橋本の生い立ちから早稲田大学そして朝日新聞時代のことが詳しく述べられている。

橋本は一九〇一（明治三四）年三月五日、霞ヶ浦の東の端、北利根川に面した水郷地帯の潮来町の米問屋兼回送問屋を営む豪商の家の三男に生まれている。近くの北浦にかかる神宮橋を渡ると鹿島神宮がある。霞ヶ浦の湖口にかかる北利根橋からは広大な霞ヶ浦の湖面の北方はるか遠くに筑波山の双峰がかすんで見える。潮来はこの北利根川に面した水郷の中心地であり、対岸の佐原と共に水郷の街として栄えた街である。

徳富蘆花が長期滞在し、短編小説『漁師の娘』の舞台となった浮島も近くにある。潮来は古来、東北と江戸を結ぶ中継ぎ港であった。宴席でつきものの潮来節は、〝潮来出島のまこもの中であやめ咲くとはしおらしや〟とある。初夏の水郷に咲きみだれるあやめは、艶やかで美しく、運河、大小の高瀬舟の静かな往還、港のにぎわい、あやめ……そういう所で私は育ったと、橋本は述懐している。

歌手の橋幸夫のデビュー作「潮来笠」（作詞佐伯孝夫／作曲吉田正）が潮来の情景と風情をよく伝えている。この「潮来笠」を作曲した吉田正もまた茨城県北、日立の人である。

橋本の生家は、南北朝時代の南朝派の和田氏をルーツとし、足利尊氏に追われ紀州の橋本に逃れ、姓を橋本に改めて醤油屋を生業とした。その一族が潮来にやって来たことから橋本家の代々当主は「和田屋勘左衛門」を名乗り、屋号は「和田勘」と称していたという。父親は大人しい性格で静かな人であったが、母親は当時では大柄な巨漢の肝っ玉母さんであり、にぎやかで、人に大盤振る舞いする「女傑」「女大統領」「女常陸山」と称されていたようだ。気丈で、幼子を亡くしたことから信仰心あつく、よく浅草の観音様にお参りしていたという。橋本の幼年期はお母さんっ子で、折に触れこの母親に助けられ、鍛えられている。名前の「登美三郎」は、母親の登美と三男であることからつけられた。

潮来の高等小学校を出ると利根川対岸の旧制佐原中学に進み、寄宿舎生活を送ることになる。

ここで佐原中学野球部の関東大会出場をめぐり、費用が掛かるとして反対する学校側と対決し、野球部や寮生が大暴れする。野球部マネージャー兼寮長の橋本が騒ぎの首謀者であり、退学処分寸前までいったが、肝っ玉母さんが学校に乗り込み退学を免れている。このような行動は、郷里の先輩・風見章が土浦中学時代に、禁令を無視して野球観戦に行った生徒をとがめて取調べを行った校長の排斥運動に加わり放校処分にあった事件と、血気盛んな姿が重なっており面白い。すでに二人とも少年期から筋金入りの「反骨」の片鱗があったのだろう。

橋本は中学校の頃から政治家志望であり、母親に政治家になると相談したが、母親が易者の占いを信じて「観音様の申し子のお前は坊さんになれ」と反対された。しかし橋本は「宗教家も政治家も目的は同じ。世のため人のため粉骨砕身、悪を正し、善を助け、この世を住みやすくすること」と孔子の言葉を引用し、母親に分かりやすく説いたところ許しが出たという。この孔子の言葉は、飯村丈三郎翁が大きな影響を受けた東睿山千妙寺の亮天権僧正、さらにはこの千妙寺や浅草観音浅草寺を開基あるいは中興した慈覚大師円仁の教えにも通ずるものである。東叡山千妙寺も浅草観音浅草寺も慈覚大師円仁の開基とある。くしくも飯村丈三郎と橋本登美三郎が、中国五台山を巡礼した慈覚大師円仁の教えを時代を超えて触れていることは着目すべきことである。ここにも常陸国に脈々と流れる中国との精神風土の土壌を感じざるを得ない。

この時に政治家志望が決まり、早稲田大学から新聞記者を経て、政治に挑むという人生設計が出来たのである。また、分かりやすく、説得を図る才能は、この時既に政治家としての片鱗を見せていたのである。肝っ玉母さんも、寄宿生活でたくましくなった息子の成長に安心したことだろう。晩年の逆境の時に、橋本はこの「孔子の言葉」を痛いほど心に刻んだのではないだろうか。

佐原中学を出ると橋本は早稲田大学政治経済学部に入り、雄弁会で「闘将」といわれるほど活躍することになる。そのころの早稲田大学雄弁会の理念は「在野の精神」であり、政治に志を抱く若者の集まる全盛期であった。橋本が雄弁会に入った時には、三年上の浅沼稲次郎が雄弁会幹事長で革新学生の親分であった。そのため雄弁会は護憲三派（憲政会、立憲政友会、革新倶楽部）支援の論陣を張り、各地で演説会を行い、橋本は旧制水戸高校の弁論部と一緒に茨城県内を遊説している。また血気盛んな学生たちは、プラカードを作ってデモをしたり、反軍演説会を開き、警察とも激突、橋本も早稲田署、西神田署、愛宕署と三度もぶち込まれている。

橋本は、東京の反軍事教育運動のリーダーであり、常に特高の監視が厳しかった。潮来の実家でも張り込みがあり、特高から「息子さんは警視庁の要注意人物です」と言われても、母親は「私の生んだ子供のことは私が一番よく知っている。（中略）お国の迷惑になるようなことをする子供ではありません。（中略）この息子が間違ったことをする子供ではないことを私が保証しますから、安心してお引き取りください」と、特高警察を引き上げさせている。この時も母の子に対する信頼感が微動だにしなかったが、橋本には「決して国に迷惑をかけるようなことはしなさんな。その点はくれぐれも間違いないように」と語ったこの母親の言葉は、どのような説教よりも、橋本の胸に深く刺さったという。

その後、雄弁会幹事長になった橋本は、中国大陸遊説の大計画を立て、資金集めを兼ねて台湾から広東に入り、上海、南京、北京、さらに旧満州をめぐり朝鮮経由で帰国している。この時の大陸での経験が、朝日新聞に入ってからの従軍記者や南京支局勤務のベースになっていたのだろう。

くしくも橋本が五歳の頃の一九〇五（明治三八）年に、その早稲田大学政治経済学部に入り、雄弁会で中野正剛、緒方竹虎と共に三羽烏として鳴らしていたのが郷里の大先輩の風見章であった。一八八六（明治一九）年生まれの風見は、丁度、橋本の一五歳年長である。

その後も、橋本は風見の後を追うように朝日新聞に入るが、橋本が朝日新聞に入社した一九二七（昭和二）年には、風見は既に信濃毎日新聞主筆として健筆をふるっており、朝日新聞の編集局長が風見の盟友の緒方竹虎であったのだから、橋本が郷里の先輩にして早稲田大学、雄弁会の偉大な先輩の風見章を仰ぎ見ていたことは想像に難くない。緒方竹虎は、朝日新聞主筆を経て、東条英機と対立し憤死した雄弁会の仲間の中野正剛の地盤を引き継ぎ政界に進出、自民党総裁、吉田内閣副総理を歴任したつわものであった。

その後、風見章が政界に進出して近衛内閣の内閣書記官長に就いた一九二七（昭和二）年に、早稲田大学を卒業した橋本は、入社四年後の満州事変が勃発した三一（昭和六）年に従軍特派員として中国戦地に赴いている。

風見が東条英機の中国戦線拡大策に対抗して山本五十六、白洲次郎らと不拡大方針を進めていた時に、橋本は情勢が悪化しつつある中国の戦地の最前線で取材に当たっていたのである。この中国での取材では、満州のチチハル近くの海倫《ハイロン》で臨時東北軍総司令官の馬占山に果敢にも直接ぶち当たり、馬占山会見記をモノにして、そのスクープ記事が朝日新聞の一面を飾ったのである。敵中潜行、無鉄砲といえば無鉄砲であるが、入社四年目にして戦地に乗り込み敵の猛将と会い、会見記をモノにする驚くべき胆力、度胸の持ち主であったのだ。

この馬占山との緊迫した迫真の会見について、橋本は次のように記述している。

やがて午前四時ごろ、馬占山将軍一行が姿を現した。同じような服装をした七人と護衛らしき人を合わせて一二・三人、どれが馬占山かわからない。謝と名のる男（あとで参謀総長とわかった）が口火を切った。

「たいへんお待たせしました。馬占山閣下をご紹介いたします」

左から四人目の男が馬占山であった。同じ服装の他の六人は影武者であろう。私は馬占山に歩み寄り握手した。

「私がなぜこのような行動をとったか。新聞記者としての目的もあったが、それ以上に重要な目的は、陛下に会って、この無益な戦いをやめ、五族協和のもとに平和国家の建設をすすめるよう訴えたかったからである」

「私もそう思う。無益な戦いは避けたいと考えるから、きょうこうして関東軍の軍使を迎えたのである。これから十分意見を交換して、お互いの平和のために努力したい」

馬占山は五尺三寸（約百六十センチ）ぐらいでやせ型、目は非常に鋭く、言葉は簡潔で断定的、握った手は冷たかったが、武人の風格はじゅうぶんで、感銘深いものがあった。私との会見は一〇分ぐらいで切り上げ、次の部屋で待っている日本側の軍使との会談に移った。


（橋本登美三郎著『私の履歴書——激動の歩み』永田書房刊）

馬占山は馬賊出身の東北軍閥の軍人で自ら臨時東北軍総司令官と称し、一〇万の大軍で日本軍が占領していたチチハル、ハルピンの奪還作戦を展開しようとしていた。橋本はこの時、零下四〇度超の厳寒での戦が小康状態にあったため、馬占山は和平の時期をうかがっていると見極め、馬占山の本拠地海倫に乗り込み、馬占山の写真を撮り、会見して和平の気持ちを探ろうとしたのである。

この時すでに、関東軍参謀の板垣征四郎大佐（のちの陸軍大臣）がハルピンにおり、ひそかに馬占山との和平工作を進めていたので、紆余曲折あったが、結果として、橋本記者はカメラマンとともに板垣大佐一行と一緒に、ハルピンから北へ約二〇〇キロの黒竜江省中東部の海倫に入り、馬占山軍総司令部に乗り込み、橋本は単独会見に成功するのである。板垣の一時休戦・和平工作も功を奏し、翌一九三二（昭和七年）春、奉天（現瀋陽）に満州国政府が誕生し、馬占山はいったん満州国の初代国防部長（大臣）に就くものの、直後に黒竜江省の北部の黒河県からアムール河（黒竜江）を渡りソ連領に脱出する。海倫から黒河までは標高一四〇〇メートルから一〇〇〇メートルのシシリアン（大興安領）山脈の山岳地帯を走破し約三〇〇キロの地にある。

馬占山はその後、東北艇進軍総司令、黒竜江省主席となり内蒙古で日本軍と戦火を交え、対日抗戦を展開、抗日戦の英雄とされた人物である。馬賊の頭目であり、巧みなゲリラ戦術を得意とし、当時の日本軍から「東洋のナポレオン」と称された勇猛な軍人であった。

このような筋金入りの馬賊出身の中国軍人と渡り合ったのだから、橋本の胆力には圧倒される。水戸人の筋金入りの無鉄砲さは、馬賊だろうと闇の世界の人間だろうと物おじしないところがある。しかし、この蛮勇が晩年のロッキード事件で橋本自身を窮地に追いやることになるとは誰にも想像できなかったろう。

その頃、一九二七（昭和二）年に東京大学を卒業した赤城宗徳は、旧上野村村長に就任している。常陸国の風土で育まれ、戦中そして戦後の官房長官を務めた風見、赤城、橋本の三人が歴史の織りなすドラマの狭間で、それぞれがそれぞれの場所で政治への歩みをしていたことは不思議なめぐりあわせである。また「幻の首班指名工作事件」の主役、山崎猛も一九二七（昭和二）～二九（昭和四）年には大連の満州日報社長として満州国開発の世論形成に尽力していた。それから四年後の三一（昭和六）年には盧溝橋事件、五年後の三二（昭和七）年には第一次上海事変、血盟団事件、五・一五事件と内外情勢は一気に緊迫していくのである。

その後、橋本が南京支局長で赴任した一九三六（昭和一一）年の八月半ば、風見章は上海を皮切りに、南京、漢口、香港、広東など中国各地を視察し、反日の空気を自分の目で確かめ、自分の耳で聞き取りしたありのままの事実を手記にまとめている。

この風見の視察は、「目からウロコを落としたような思いだ」と、風見のそれまでの中国観を改めることになる。既に、この年（一九三六年）の二月に朝日新聞南京支局に赴任していた後輩の橋本と現地で面談している可能性は十分に考えられる。橋本を南京に派遣したのは、風見の雄弁会の盟友の朝日新聞編集局長・緒方竹虎であり、風見と橋本が旧知であった可能性はあり得るだろう。あるいはこの時の橋本支局長との会談が、その後、一九三八（昭和一三）年の杉山陸相更迭工作に関して、同盟通信社社長の岩永祐吉に相談し、主幹の古野伊之助に満州の板垣征四郎中将の説得を依頼する方策のヒントを得たのかもしれない。

橋本は朝日新聞入社五年目には札幌通信局長、さらに一九三六（昭和一一）年には南京支局長として日中戦争の最前線で活躍、さらに上海総局次長を経て帰国後は東京で東亜部次長、大阪本社の通信部長、再び東京本社に戻り報道部長、東亜部長を務めている。

そして終戦の年（一九四五年）、八月一五日の「詔勅」「玉音放送」の翌一六日、少年時代からの目標であった政治の道に、敢然と踏み出すことに腹を決め辞表を提出、一大転身を図ることになる。

勇んで踏み出したが、青雲の志である政治への挑戦は簡単ではなかった。二度の落選の憂き目をみている。朝日新聞を退社し、一九四五（昭和二〇）一一月には橋本が委員長となり、戦後最初の政党となる日本民党を立ち上げ、戦後初の普通選挙に一二名の候補者を立てるが、橋本の早稲田雄弁会の後輩で上海の国策新聞「大陸新報」の元解説委員長の戸叶武の夫人・戸叶里子さん一人だけ当選し、あとは全員落選する。当初、橋本は日本民党の党主に慶応義塾塾長の小泉信三を擁立すべく、慶応大学病院に入院中の小泉信三を説得するが、焼夷弾で顔をやられた小泉信三はこれを固辞し、結局、橋本が委員長となった。小泉信三は、戦後、昭和天皇の皇太子時代の教育掛を務めている。

一二名の日本民党の候補には、『蒼茫』で第一回芥川賞を受賞した作家の石川達三もいたが、演説を一度もやることはなく落選している。結局、日本民党は解党し、橋本は郷里の潮来町長になり、次の機会を狙うことになる。

二年後の一九四七（昭和二二）年四月の総選挙で、二度目の挑戦をするが、投票日の五日前に潮来町が大火に見舞われ、橋本は選挙戦を離脱して、町民救済のため潮来町の復興に当たることになる。選挙戦を途中離脱したこともあり、開票の結果、橋本はわずか二〇〇票の差で次点となる。大火のため一〇〇〇人近い潮来町の町民が棄権し、その票数は九百数十票にもなっていたのである。この結果、二度目の落選を余儀なくされた橋本は、潮来町の復興に全力を注ぐことになるが、橋本はこの落選を、「お前は街の復興に尽くせという天の配剤であった。のちの政治生活に大きな意義を持つことになった」と語っている。

そして一九四九（昭和二四）年の総選挙で、潮来町の人々が一丸となって応援してくれ、最高点で当選、国政の舞台に躍り出ることになる。初当選同期には、佐藤栄作、池田勇人、前尾繁三郎等がいた。国会議員になり最初に取り組んだのは、霞ヶ浦の治水事業と干拓事業であるという。

江戸幕府以来、霞ヶ浦は暴れ川の坂東太郎の異名を持つ利根川の氾濫から江戸を守るための遊水地帯とされ、周囲の田畑が広範囲にわたり大水害に見舞われてきた。このため霞ヶ浦治水の抜本的対策として、霞ヶ浦に囲繞堤をめぐらし、治水と同時に広大な干拓事業を進め、治水と食糧増産に取り組んだのである。

その延長に鹿島工業港の建設がなされ、新しい霞ヶ浦の時代を築いていくことになる。鹿島開発、筑波研究学園都市建設、科学万博誘致など茨城県の農業県・工業県としての常陸国の新しい夜明けを迎えるために尽力したのである。

その後、一九五五（昭和三〇）年の保守合同に際して、橋本と吉田茂、佐藤栄作の三人だけが合同に参加せずに無所属となる。この無所属時代の辛酸をなめるような思いで耐えた時の佐藤栄作との深い交流が、のちの佐藤派の「木曜会」の源流となる。橋本は、保守合同不参加について「佐藤に殉じたなどと言われるが、政治家の節操を守りたかったからである」と述懐している。「政治家の節操」、政治家としての矜持のことであろう。気骨のある政治家の信念が、佐藤栄作の大番頭として次の時代を切りひらくことになるのである。

一九五六（昭和三一）年一二月の自民党総裁選における石橋湛山、岸信介、石井光次郎による熾烈な争いを目の当たりにした橋本は、佐藤栄作総裁総理実現のための準備に着手する。わずか数名で発足した「木曜会」の誕生である。「木曜会」は後に「周山会」と名を変え、佐藤総裁実現後はこれを解散し、政策研究機関「木曜研究会」となる。

その後、一九六二（昭和三七）年の総裁選への佐藤栄作出馬は見送り、六四（昭和三九）年の総裁選で「池田三選阻止」を掲げて、池田勇人、藤山愛一郎と闘うが池田総理が三選を果たした。が、万事塞翁が馬。三選して二か月後に池田ががんで入院、一〇月二五日に退陣表明、翌々日に両院議員総会が開かれ、川島正次郎副総裁、三木武夫幹事長ら党執行部に一任され、河野一郎、藤山愛一郎を退けて、池田が佐藤を後継指名して、佐藤内閣が発足。橋本は佐藤政権発足の立役者として官房長官に就任する。

佐藤内閣では、官房長官として「日韓条約調印」「沖縄返還」と戦後の国家的重要課題の解決に尽力し、この間、佐藤訪米、ジョンソン大統領との会談、よど号事件の解決などに取り組み、佐藤長期政権の礎を作っている。

橋本の雅号「西湖」は、光圀の隠居所・西山荘の「西」、藤田東湖の「湖」からとっており、光圀も東湖も橋本にとってともに青年時代から尊敬してやまない人物であった。潮来の橋本にもまた水戸学の血脈が流れていたのである。

ロッキード事件の深い闇に襲われたが、橋本登美三郎の大きな功績はいささかなりとも変わることはないのである。

橋本の著書を飾る巻頭の写真の橋本の表情は、穏やかで、はるか遠くを見つめる目は、限りなく澄んでいる。「政治家の節操」にすべてをかけた気骨の政治家であった。

## 6　幻の首班指名工作顚末——山崎猛の大義と矜持

今にも手元に落ちようとしている熟し柿に手を出さなかった常陸人がいる。「大日本帝国憲法」（明治憲法）下の最後の衆議院議長にして民主自由党の幹事長、山崎猛である。この時の民主自由党総裁は吉田茂だ。昭和電工疑獄で混乱する次期首班指名でGHQ内の対立に触発されるように、民主自由党内で総裁の吉田茂を差し置いて幹事長の山崎猛首班指名工作が進み、野党もこれに同調、一気に山崎首班が決まりかけたのだ。

しかし、山崎首班を決定しようという民主自由党総務会で、新人議員・田中角栄の思わぬ発言で流れは一変し、この機に乗じた吉田茂の策謀が功を奏することになる。もっとも、温厚にして沈着冷静な山崎は、吉田茂側近の露骨な出馬断念の説得に対して、静かに刀を置いて議員を辞職し、山崎擁立の芽を自ら摘んだのである。これを「幻の首班指名工作」とか「据え膳を食わなかった山崎」とかあれこれ世論はあったが、検証してみると、結論は山崎が「水戸の精神」に殉じた常陸人であったからではないかと思われる

山崎は水戸藩士の山崎政愛の四男として水戸の仲ノ町に生まれている。仲ノ町は水戸城本丸下

の東側、現在の城東三丁目に位置し水戸徳川藩政初期に埋め立て地に開かれた武家屋敷である。山崎の先祖のルーツは、戦国後期時代の末期に、徳川、前田、島津、毛利、上杉と共に豊臣六大将の佐竹義宣の家臣であったが、徳川の時代になり、佐竹氏の秋田転封の時に、家長の山崎政直が病気で秋田に従えなかった。

そのため下村田（現常陸大宮市下村田）に残り、その子が水戸徳川一族の長倉松平家の代々重臣となっている。長倉は那珂川流域上流の「道教・孝謙天皇伝説」が伝えられる御前山の対岸、水戸と宇都宮を結ぶ茂木街道沿いにある。

この長倉松平家の始祖・松平順康は、初代水戸徳川藩主頼房の八男である。二代目藩主の徳川光圀は頼房の三男であるから順康は末弟になる。山崎猛の祖父にあたる山崎幾之進は長倉藩の家老職にあったが、その勇猛さ、俊敏さから「鬼山崎」と畏怖されていた。天狗党の乱で非業の死を遂げた宍戸藩主・松平頼徳の助命に奔走したため、水戸藩の門閥派（諸生派）に捕縛され、一八六六（慶応二）年水戸の城東地区にあった赤沼獄で獄死している。

宍戸藩の松平頼徳は天狗党の乱に際し、水戸藩一〇代藩主・徳川慶篤の名代として内乱鎮静の名目で江戸藩邸から水戸に向かう途中、筑波で武田耕雲斎などの尊攘派の一部が加わり行動を共にすることになる。これは頼徳が攘夷派に同情的であったからだとする説と、武田耕雲斎などから水戸の攘夷派を説得すると欺かれたからとする説があるが定かではない。

水戸城を掌握した諸生派の市川三左衛門らは、松平鎮圧軍への攘夷派の合流に反発し、入城を拒否し激しい戦闘となる。結局、諸生派援軍の幕府追討軍の参戦もあり攘夷派は敗走することになる。これが天狗党の西上のきっかけとなる。しかしこの顚末で、天狗党との野合の責任を問われた宍戸藩主・松平頼徳は、江戸に戻る途中捕縛され、幕府に反抗する賊徒の首魁として切腹となり、随行した宍戸藩士七名は自刃、四〇名以上が斬首という非業の死を遂げている。頼徳は徳川時代の三〇〇藩で唯一切腹を命じられた藩主の汚名を着せられたのだ。

松平頼徳の父・頼位は、徳川斉昭の命で長倉城跡を修復し、長倉陣屋を建てており、その後、生家の宍戸藩の藩主になっている。この縁で、長倉藩の家老にあった山崎幾之進は頼位の長男・頼徳の窮地を救うため奔走したのである。ちなみに宍戸藩の松平頼位は作家の三島由紀夫の高祖父にあたる。

いずれにせよ幾之進の獄死により山崎家は取り潰しとなるが、幾之進の次男・政愛が家名再興を許され、その四男猛は一八八六(明治一九)年、祖父・幾之進が獄死した赤沼獄近くの仲ノ町の武家屋敷で生まれている。「鬼山崎」と畏れられた祖父・幾之進の死から二〇年後のことである。

長じて、猛は一一歳で上京し、麻布中学から旧制第一高等学校に入学するが病気のため退学し静岡でいったん教職に就く。その後、明治、大正、昭和と大きな影響力を持ったジャーナリスト、思想家、哲学者、作家の徳富蘇峰の招きで京城日報の記者として朝鮮京城に渡り文筆を生業として活躍をしている。

一九二〇（大正九）年、かねてからの希望である政治家を目指して、埼玉四区から立憲政友会公認で出馬し初当選するも、次の第一五回総選挙（一九二四年）には郷里の茨城二区から出馬したが落選の憂き目を見ている。翌年には推されて全国最年少の三六歳で一年間水戸市長となり名市長の名をほしいままにした。

第一六回総選挙に再挑戦し議席を得ると、政友会幹事長を歴任した元三井物産の重鎮・山本条太郎派の中核議員として、政友会の産業五か年計画に参画して極めて進歩的、画期的な政策を立案しこれを仕上げている。山崎は政策立案面に優れ、極めて熱心な議員であったのである。山本条太郎が一九二七（昭和二）年に第十代満鉄総裁になると、山崎は山本から特に迎えられ満州日報の社長に就任し、文筆をもって満州開拓の世論を指導したのである。

山本満鉄総裁の時の副社長がのちの外務大臣松岡洋右である。初代満鉄総裁は台湾総督府民政局長として台湾の近代化、また東京市長として関東大震災後の東京復興を成し遂げた後藤新平である。

山本条太郎は三井物産常務として三井物産の基盤を築いた辣腕の大番頭であったが、日本海軍高官への賄賂に端を発した一大疑獄事件のシーメンス事件に連座して退社している。その後、政界に転じ、政友会幹事長などを歴任、満鉄の経営でも大胆な改革を行い「満鉄中興の祖」と言われた逸材である。

満鉄総裁として北京で初めて張作霖大元帥と対峙した山本は、「日満関係の懸案も、じゃんけんで片を付けようじゃないか」とやにわにぐいと握りこぶしを突き出し、張作霖を煙に巻いて功を奏したというエピソードがある。このような大人物の山本条太郎に見込まれて満州日報の新聞経営を任された山崎猛の俊才ぶりは群を抜いていたのだろう。

「じゃんけん」は子供の遊びのように思われるが、元禄時代に中国から伝えられており、発祥は元の周の時代といわれ、峻厳なる礼法とされる。晋の時代に竹林の七賢人が酒席の座興のため拳戯を闘わしたとされ、士君子の風格ある礼法として尊敬されていたとされる。山本条太郎は、中国の峻厳な礼法「じゃんけん」をもって張作霖に挑んだのである。もっとも、山本条太郎は三井物産時代から、折に触れこの礼法「じゃんけん」を好んで使っていたという。

満州日報は南満州鉄道初代総裁の後藤新平が提唱した新聞であり、満州日日新聞（一九〇七年創刊）と遼東新報（一九〇五年創刊）が合併して発刊された満鉄系の朝夕刊紙である。

山本条太郎が満鉄総裁の任務を終えて帰国すると、山崎も同時に帰国し、茨城の郷里から三度目の政界復帰を果たしている。以後、茨城二区選出衆議院議員を十二期務め、三木武吉が公職追放されたあと旧憲法下で最後の衆議院議長に就任、日本国憲法に到る旧憲法改正案の議決を議長として見事な裁きをして「名議長」と称賛されている。

日本自由党を経て一九四八（昭和二三）年には民主自由党結成に参加して幹事長に就任した。その後、昭和電工疑獄での芦田均内閣総辞職を受けた混乱の中で「山崎首班指名」が浮上するのである。


この山崎を導いたのが『近世日本国民史』全一〇〇巻（時事通信社刊）を著した徳富蘇峰である。徳富蘇峰は、明治から昭和期の偉大な思想家・評論家・歴史家・随筆家であり、史書『近世日本国民史』は民間歴史学の金字塔といえる大作である。

徳富蘇峰の弟は小説家の徳富蘆花である。一八九八（明治三一）年頃に霞ヶ浦の浮島に半年近く滞在し、珠玉の短編小説『漁師の娘』を書いている。浮島の人情味豊かな人々と自然の美しさを見事に描き切った抒情詩の世界である。

山崎は徳富蘇峰、蘆花兄弟と親しく交流しており、現在、神奈川県二宮の徳富蘇峰記念館には山崎から蘇峰宛の書簡五七通が保管されていることからも山崎と蘇峰の関係の深さを知ることができる。一九二八（昭和三）年には、徳富蘇峰から山崎宛に「山崎猛君は老生多年の知友にして（中略）その新鋭清冽の才気いよいよ円成渾然の境地に達し（中略）理想の候補」と衆議院議員選挙への推薦状をしたためている。一九三九（昭和一四）年には、徳富蘇峰が水戸市の招きで水戸の三の丸講堂で「水戸学再検討」と題して、水戸学の精神の歴史的役割について講演しているが、これも山崎との関係を表すものではないかと思われる。水戸藩士の家柄の出であり、謙虚ではあるが気骨の精神を持つ山崎を、蘇峰が高く評価していたのである。

また大洗の常陽明治記念館や大子町袋田温泉ホテル内の歌碑、水戸の回天神社・常盤原共同墓地忠魂碑に天狗党千数百名の烈士の霊を慰める顕彰文が捧げられているように徳富蘇峰所縁の記念碑が茨城県内の各地にある。

特に、大洗の常陽明治記念館の石碑には、「昭大義正名分以指導天下之人心」とあり、説明板には「徳富蘇峰先生は、どのようにして江戸幕府が倒れ、明治維新が達成されたかを明らかにしようとして『近世日本国民史』という百巻の大史書を著された。それを要約すれば、日本は建国以来皇室を中心とする国体であることが国民に認識されたからであって、その第一の功績は水戸学であった。そしてとくに義公（光圀）や烈公（斉昭）ほか多くの水戸の先哲志士を顕彰された。石の文字は、その水戸の功績を簡明に表されたものである。」と記されている。

『水戸学再検討』の講演録は二〇ページ足らずの小冊子であるが、そこで蘇峰は「水戸学が果たした「水戸の精神」こそが維新の起爆剤であり、維新で多くの人材を失った水戸は、薩長に比し明治新政府で割を食っているが、明治以降昭和の今日まで日本国の精神の基盤となった最大の功績である」と語っている。「水戸の精神」が今日でも日本国に息づく精神であるとしている。

このように山崎猛は、満鉄総裁にして「満鉄中興の祖」と言われた気鋭の政治家・山本条太郎や明治、大正、昭和と燦然と輝いた思想家の巨星・徳富蘇峰など当代一流の人物から認められ引き上げられて来たのである。

山崎の人となりについて、『山崎をしのぶ文集』（徳富蘇峰記念館所蔵）に山崎と親交のあった知己の証言があるので紹介する。

「生来極めて穏健一身を処して終始つつましく、まことに堅実な人柄である。常に自分を持することに厳しく、信ずるに深く、淡々として清廉一途の人」

「天資頗る聡明叡智、しかれども平素はその犀利の弁、縦横の才を真綿に包んで少しも表に現さず、風なき林のごとく平静に、波浪なき湖面のごとく寛闊で（中略）座談には洵に比喩例証をもって相手をして時の経つのを忘れしむる程の話術の雄を示し」

「終始一貫ただ国家、全国民ということのみを念慮におかれた、真の意味の大政治家であった（中略）不世出の大人格大人物であった」

「精神的に、物事を考慮判断し、人に接するに愛をもってし、友情に厚く、また周到懇切（中略）人と和して同じない、あまり無理をしない、そして条理の通った行動をもって貫いた」

――などである。首班指名候補として山崎が浮上するにふさわしい品格を備えた大人物であったことは衆目の一致するところである。往時の山崎の写真を見ても、その風貌たるや日本国の再建を託すにふさわしい政治家であったと得心する。確かに、吉田茂と山崎猛のツーショット写真を見ると、一目瞭然、気品のある紳士は間違いなく山崎である。

さて、山崎の「首班指名事件」であるが、大正・昭和期の新聞人・評論家の伊藤金次郎（東海毎日新聞主筆）は「据え膳を食わなかった」とユーモアと皮肉をもって批評している。この山崎首班工作は「光秀事件」とも揶揄されていたが、伊藤金次郎は「光秀は、一応、気骨を持っていた。常陸人には多少の反骨がある。しかし山崎の信念の度合いはコンニャクように軟弱であるが、コンニャクであったが故にこそ政党政治家としての大義を守り得たともいえる」と皮肉な見方をしている。

以下に、伊藤金次郎著『あの国この人』（新世界文化社刊、一九五一年）の「山崎猛と据え膳」の一部を紹介する。

第二次吉田内閣成立直前、吉田総裁をタナあげして山崎をして組閣の衝にあたらしめようとした動きのあつたさい、彼は光秀といわれた。

常陸人には多少の叛骨がある。しかし、山崎のこの動きは、自主的叛骨ではなく、他から動かされたものだった。吉田をタナあげして保守連携をもくろむ民主党の芦田均（京都府人）や、自由党内の反官僚派頭目中島守利（東京都人）らが、こツそりと梶田家会談（下谷、池の端）などをひらいた結果の陰謀だった。人は知らないが、奇妙なことにこの自由党一家の大騒動にあたって、党の長老星島二郎（岡山縣人）までが、吉田か山崎か、去就を定めかねたひとときがあった。星島は思い悩んだ結果、古島一雄（兵庫県人）に相談した。古島は「総裁である吉田を捨て丶幹事長たる山崎を昇ぐなどとは、政党政治家として筋がとおらん」と叱った。広川弘禪（福島県人）は、星島を酷評して「ユルフンどころか、フンドシがない」といっているそうだが、長老星島の政治神経は、少くとも光秀事件に関する限り、ノー・ズロと評されても返す言葉はあるまい。

山崎は、いまでも渉外関係の一部に信用が残っている。（中略）そこで、渡米議員団の団長などに推されて、自身は渡米を望んだわけでもないのに、とに角、周遊してきた。一種の据え膳である。要するに、彼の性格は自主性にとぼしい。常陸人の荒削りな叛骨は彼にはない。したがって「光秀」といわれるのはチトおかしい。光秀は一応、気骨をもっていた。御承知のとおり、この事件は山崎の代議士辞職で局面を収拾したが、これも自主的な辞職ではなくして、益谷秀次（能登人）の勧告に聴従したもんだった。筋書は工藤哲男（青森人）だったが、粗野な工藤にこうした知恵が出たことも一奇であると同時に、無口と沈黙、まとまった話のできない益谷が、滔々、懸河の弁（?）を振って山崎引退に成功したこともまた一奇である。だが、要は、訥弁家の益谷から説き伏せられるほど、山崎の信念の度合はコンニャクのように軟弱だった。ちなみに、山崎の選挙区は、コンニャク玉の常州久慈郡である。だが、コンニャクであったが故にこそ政党政治家としての大義を守り得たともいえる。

（伊藤金次郎著『あの国この人』新世界文化社）

ここで伊藤金次郎の〝渉外関係の一部に〟というのは、恐らくGHQの民政局を指しているのだろう。これに先立ち山崎が訪米議員団の団長として一九五〇（昭和二五）年に渡米した時には、ルーズベルト大統領から歓迎され、米国議会でもスピーチをして大変な歓迎を受けている。議場の壇上でルーズベルト夫妻と談笑する写真も残っているほどだ。写真では、山崎猛はゆったりとした表情で、微笑みながらしっかりとルーズベルト夫人の目を見て握手をしており、敗戦国の代表としての卑屈さは微塵も感じさせない。誇りと自信に満ち溢れた武士の佇まいである。この時は、カナダのオタワでも議会で歓迎を受けている。恐らくこれは、民政局が仕組んだ山崎のお披露目だったのかもしれない。

最近でも、二〇一九（平成三一）年四月に新元号「令和」を発表し、「令和おじさん」として急浮上した現総理の菅義偉が、新元号発表の直後の五月に国連の拉致問題シンポジウム出席のため訪米し、ペンス副大統領、ポンペオ国務長官、シャナハン国防長官代行と会談している。一時この訪米が、ポスト安倍の有力候補としてのお披露目ではないかと憶測を呼び、安倍晋三の菅に対する疑心暗鬼が邪気されたとも言われている。実際、菅訪米から一年四カ月後にコロナ禍やトランプの大統領選劣勢の中で、病気を理由に安倍総理が辞任し、第九九代菅義偉総理が急浮上し誕生している。

また、アメリカの戦略国際問題研究所（ＣＳＩＳ）の「日本における中国の影響力」というレポートが出たのは安倍辞任の一ヵ月前である。「安倍晋三首相の対中政策に影響を与えている人物が、今井尚哉首相補佐官、二階俊博幹事長と名指し、さらに公明党の影響」とする日本の対中政策形成実態調査とする代物である。何とも不思議な流れである。敗戦直後も今日でも、同盟関係のアメリカの風向きは得てして日本の政治に無関係ではないのだろう。

伊藤金次郎は、益谷の説得に山崎が応じたとして、久慈郡のコンニャクに例えているが、この顚末の筋書きを書いたのは松野鶴平である。また山崎には常陸人の叛骨がないとしているが、これも山崎のルーツを知らないからであろう。先述したように山崎の祖父は、「鬼山崎」と畏れられた武将であったことを知らなかったのであろう。

確かに自由党幹事長の山崎自身に、自民党総裁の吉田茂の首を取る謀反の意思など毛頭あるはずがない。戦後のGHQ総司令部内の権力闘争と、吉田茂の独善的な政党無視の振る舞いに対する政党人の反発とが複雑に錯綜した生々しい政治の世界の濁流に巻き込まれただけなのである。昭電疑獄で芦田内閣が総辞職した緊急事態に、民主自由党内の反吉田派により次期首班指名に担ぎ出され、これに下野した野党の民主党が呼応し、民主自由党反主流と野党の結集が功を奏しかけたのである。

それだけに、山崎の人物評は誰もが認める高い気品とまれなる実力を兼ね備えた立派な政治家であったことは間違いない。

当時の百戦錬磨の古狸ともいえる政党人に「山崎なら人格高潔、異論は出まい」と担ぎ出され、更に背後にGHQ内の参謀二部と民政局の日本統治をめぐる激しい権力闘争の闇が潜んでいるとは思いもかけないことであったのだろう。

私見を述べれば、山崎は水戸人であるから進退を決するに、「水戸は副将軍」との思いがよぎったのである。「水戸の精神」である。幕末の水戸家出身の一橋慶喜が幕末に恭順の意を表して大政奉還し、迫りつつあったロシアやアメリカなど外国勢力の介入を阻止し、日本国の内乱を回避したのは、父の斉昭から「水戸家は幕府の親藩ではあるが朝廷の臣下であるから君（天皇）のために尽くすのが水戸家の掟である」と申しつけられていたからだと、後年、慶喜自身が語っている。

維新の戦争が幕府に味方したフランスと、薩長と結んだイギリスという構図の中で外国勢力に影響されずに、混乱も長期化もせずに済んだのは、慶喜のこの「水戸家の精神」がもたらしたことであり、水戸の大義名分を天下に示したからだと言われる。徳富蘇峰もこの「水戸の大義」こそ近代日本国の歩みを作ったと語っている。

山崎猛が据え膳に手を出さなかったのは、伊藤金次郎が言うように「コンニャクのように軟弱であった」からではなく、山崎もまた水戸の魂で深く熟慮し、政治家の矜持として混乱を避けて戦後日本国の安定という「大義」に殉じたからにちがいない。

事の真相は、民主自由党内に吉田派と鳩山派の暗闘があり、ＧＨＱにも参謀二部と民政局の権力闘争があったために、この二つの闇が複雑に織りなして「山崎首班事件」が起きたと見るべきである。山崎は、当然、後見人ともいえる徳富蘇峰にも相談しているに違いない。徳富は、大の吉田嫌いであったが、「水戸の精神」を尊敬して対処するよう示唆したと推察することは的外れではないだろう。

戦後、著名な政治評論家として健筆を奮った戸川猪佐武の出世作『小説吉田学校』全五巻（流動出版）の第一部「保守本流」の冒頭で、この山崎首班事件を、〝奇怪な指令〟と書いているが、戸川の『小説吉田学校』は吉田茂が主人公であり、山崎猛本人に直接話を聞いた形跡はなく、いささか偏った表現になっている懸念を感じる。

また戸川猪佐武は、その著『昭和の宰相』（第四巻、「吉田茂と復興の選択」）で、「占領の喜劇・山崎首班」としてこの顛末を概ね次のように記述している。

――芦田内閣が倒れたあと、政界を沸騰させたのが山崎首班問題である。それは笑えない〝占領下の喜劇〟であった。……当時の自民党副幹事長の山口喜久一郎が、GHQ民政局のケージスに会って「総司令部が後継内閣として、自民党の幹事長・山崎猛を首班とする挙国連立内閣を」希望しているとの重大発言をして騒動になったのである。しかし、「果たして、ケージスが本当に山崎首班を示唆したのか、英語を喋れない山口が通訳の内容を曲解したのか、それとも彼が故意に創作したのか」分からないが、民政局の承認なしには何事もなしえない時代であり、政界の吉田嫌いのマグマがたまっていたことも事実である。その後、総務会で田中角栄が「いかに占領下といえども、総司令部がつぎの首班の人事まで口を出すのは、内政干渉ではないか」とまくしたて、これに力を得た吉田が一発逆転の策を弄することになる。そして吉田は松野鶴平の知恵を借りて、益谷秀次が山崎猛に会い、「もしほか（他の政党）から正式に山崎首班の申し入れがあれば、そのときは衆議院議員を辞任する」と言わせ、言質を取ったのである。そのため翌朝、民主党幹事長の武田儀一の出馬要請に対して、山崎は律義にも衆議院議員の辞任届を出したのである。

後日、山崎は「山崎首班は陰謀であると聞いた。それで自由党が混乱したのでは、自分は幹事長として党におられるものではなかった」と辞任について釈明したとされる。だがこれに対し袖にされた民主党は「山崎は一度首班を受諾すると言いながら、その踏ん切りをつける度胸がなかったので、詰め腹を切らされた」のが顚末であると伝えられた。

――とあるが真相は如何に。戦後占領下の藪の中、闇の中だ。

この戸川の記述が事実であるとすれば、山崎に「陰謀」と吹き込んだのは誰なのか。戸川は触れていないが、吉田が伝家の宝刀として切り返した「ＧＨＱは民主的に決めることを望んでいる」と流布して、山崎首班はＧＨＱの意向にあらずとしたことこそ、吉田と松野の「陰謀」ではなかったのか。

また、戸川の評論では、事実関係は一部脚色があるにせよ大筋間違いはないだろうが、山崎の

「水戸人の大義」が事態を収拾し、戦後の危機を回避したことについての視点は欠如している。
もし、山崎が権力欲の塊であり、党内外の反吉田勢力の意に応じていれば、その後の日本の政治の流れは全く別なものになっていたに違いない。

実際、一九四八（昭和二三）年一〇月一五日に行われた衆議院での「内閣総理大臣の指名」選挙では、第一回目の首班指名投票で投票総数四〇〇に対し、吉田茂一八四票、片山哲八七票、三木武夫二八票、黒田嘉夫九票、徳田球一四票、斎藤晃一票、白票八六票、無効一票と、吉田茂は過半数の二〇一票に及ばず、片山哲との決選投票となった。

決戦投票では投票総数三九九に対して吉田の獲得票は一八五票、片山哲が一票、白票が二一三票もの多数に及んだ。白票二一三票の事実は重い。この決選投票で白票は無効扱いとなったが、要は、白票という実質不信任票が吉田の得票をはるかに上回ったのである。

当時の議会の吉田茂のワンマン体質に対する反発、不信感がいかに強かったかが分かる。もし、山崎が強行出馬していれば、吉田に入れた民主自由党の大半の反主流派の票が山崎に流れ、野党票を加えると山崎猛が圧勝していたことは想像に難くない。だとすれば、第二次吉田内閣は、その党内選考を含め正当性に疑義が残る政権であったと言っても過言ではない。

ちなみにこの首班指名選挙に先立ち、衆議院で山崎の「議員辞職の件」が諮られている。先ず、最初に山崎から議長あての「私義一身上の都合により辞職いたしたいと思いますからご許可願います」との辞表が朗読されて、可否の記名投票がなされた。

投票結果は、投票総数三九八に対し、「可とする者」二七三票、「否とする者」一二五票で山崎の辞職が許可されている。この後、首班指名選挙になるのであるが、山崎猛の心境や如何に。水戸人であるから、恐らく「明鏡止水」であったのだろう。

なお、この「議員辞職の件」と「内閣総理大臣の指名」の一回目、二回目の投票で、田中角栄は議員辞職に「可」、首班指名投票では二回とも「吉田茂」に入れているが、中曽根康弘は議員辞職に「否」、首班指名投票で二回とも「白票」と際立った動きをしている。


この吉田の勝利は、党総務会の土壇場での、事情を深く知らない新人議員の田中角栄の占領軍総司令部の内政干渉に激しく反発する想定外の演説に助けられて、土俵際に追い詰められていた吉田茂が〝奇策〟を弄した結果、山崎猛が慎重に熟慮し、自ら議員辞職をしたからに過ぎない。

この田中の演説は激しく連合軍総司令部の不当介入を糾弾するものであったが、直後に、あたかもＧＨＱ参謀二部の意向であるかの如くに情報を捏造したと思われる吉田の策謀が功を奏したのである。田中角栄が、吉田の流布した情報をどれほど正確に理解していたかはわからない。ましてや吉田もまたＧＨＱ参謀二部の「幻の御旗」に乗じていたのだから、結果として田中の「連合軍総司令部の不当介入」阻止にはなっていないのである。

しかし歴史は時に皮肉な結果をもたらすものであり、後年、田中自身が絶頂期にロッキード事件で失脚することになる因子を、この時アメリカの「田中ファイル」に残した可能性も否定できない。アメリカ当局からすれば、アメリカの内政干渉をやり玉に挙げた田中は、当然、反米の芽となる危険分子と規定されても致し方ないものがある。後年、田中が資源外交、対中政策で自主独立の歩みをすれば、たちどころにこの時の「田中ファイル」の亡霊が蘇ったことになる。

戸川猪佐武の『小説吉田学校』が小説という手法をとっているが、より事実に近い内容とすれば、「吉田が反主流派の「山崎首班挙国連立は総司令部の至上命令」との主張を逆手に取り、側近の渉外係黒須太郎を総司令部内に向かわせ、誰に会わなくともよい、二〇分ロビーでうろついてから出てくればよい。出てきたら記者や議員に「総司令部は山崎首班挙国連立に固執していない。民主的方法により次期政権が決まるのが良い」と云っていたと言いふらしておけばよい」と指示したのである。

これは田中角栄の内政干渉に反発する声に便乗し、同時に、民政局ではなく総司令部のマッカーサーないしはマッカーサー周辺が「民主的に」と言っているような印象を〝演出〟したのである。

これで、民主自由党の反主流派の野心を抑え込み、山崎猛に慎重な対応を余儀なくさせたのではないか。あとは山崎が表舞台から降りてくれさえすればと考え、山崎と親しい政友会からの同僚議員の益谷秀次や林譲治に山崎の説得に当たらせ、議員辞職をさせているのである。山崎が議員辞職しなければ、吉田が出馬する芽も、勝利する保証もなかったのである。

このシナリオを描いたのは公職追放中の松野鶴平であるとされるが、松野鶴平と山崎は縁戚同様の関係にあり、山崎を最も理解するのが松野であったのである。但し松野のこの奸計を好意的に解釈すれば、山崎担ぎ出しを図った広川弘禅らの野望を打ち砕き、吉田の窮地を救い、同時に山崎を潰すわけにはいかないとの配慮であった可能性もある。

松野と山崎は鳩山一郎系の政治家であったが、鳩山は山崎とそりが合わず、吉田と親しくしている松野を通じて、鳩山が山崎首班に疑義を呈していることを吉田に暗示させた可能性もある。常に政治は一寸先は闇である。山崎にとっては、見えざる敵がいたのである。

山崎自身は、この事件で議員辞職をするが、翌年の総選挙で国政に復帰、第三次吉田内閣で運輸大臣、三次改造内閣では経済審議庁長官に就任している。伊藤金次郎は、これを「コンニャクが、今度は据え膳を食った」と揶揄しているが、山崎の分をわきまえた行動原理と見るべきだろう。

繰り返すが、明治維新の大政奉還に際して、徳川慶喜が恭順したことでロシアなどの外国勢力の介在を排除し、内戦の長期化・混迷を回避したのであるが、こうして戦後の一九四八（昭和二三）年に保守勢力を温存し対ソ戦略を推進しようとしていたＧＨＱ参謀二部の路線が可能になったのは、議員辞職までして吉田茂と争うことを避けて国内の混乱の芽を摘んだ山崎猛の「大義」の思いが事態を収拾したと見るべきである。

しかし、この結果により、その後は吉田茂の時代を経て、岸信介、池田勇人、佐藤栄作、田中角栄、中曽根康弘から安倍晋三までの自民党政権が、一時期の自社さ政権や民主党政権を除き、長期政権の潮流を可能にしたのである。

長期安定政権――それは悪夢の戦争から解放され、戦後復興とまれにみる高度経済成長をもたらしたことは間違いないが、戦後七〇年の時間の経過とともに、著しい国際環境の変化の中で、政治の本質が変容し、政治のあり様が劣化し、戦後の保守合同の時の高い志を見失ってしまったのかもしれない。「時が変われば人変わり、人が変われば心が変わる」である。

この間、日米同盟はより強化され日米軍事同盟となり、米国追従外交が重点施策として来たことは衆目の一致することである。広島と長崎の原爆投下、沖縄の戦禍、東京大空襲のことを忘れたかのように、そして返還後の沖縄最前線基地化、繊維、鉄鋼、自動車、円高・ドルショックと続いた日米貿易摩擦と日本が台頭するたびに米国の意のままに牙を抜かれ隷属してきたのが、戦後の日本国である。

そして二一世紀を迎えるとともに、世界第二位のＧＤＰを誇った日本経済は凋落し、米中の覇権争いの狭間で沈みゆく日本経済と先行き展望は閉塞状態にあるのである。これらは、戦後一貫して続く日米同盟の幻想に支配されてきたからではないのかとすることは、果たして言い過ぎだろうか。

その中枢を担い主導してきたのが、主に吉田茂、岸信介、佐藤栄作、中曽根康弘、安倍晋三の保守本流政治の真骨頂である。かつてGHQ総司令部の参謀二部が主導した対ソ連工作のために温存した保守本流が、ほぼ七〇年以上にわたりその政治的ファンクションを果たしてきたのであるが、激変する国際情勢の中で相対的に変質したことも否定できない。山崎猛が刀を置いて吉田茂に託したはずの日本の安定と繁栄が、音を立てて崩れだし、視界不良となる今日を誰が想像したであろうか。

その萌芽は、昭和電工疑獄の直後に浮上した幻の山崎首班工作が頓挫し、GHQの日本占領政策を担っていたGHQの民政局が急速に力を削がれた時に始まっている。

民政局（GS）は、フランクリン・ルーズベルト大統領の経済政策「ニューディール政策」を推進する社会民主主義的リベラル派のニューディーラーにより対日占領政策が進められていたが、これを嫌っていたのが参謀二部（情報担当）である。

昭電疑獄は民政局つぶしの総司令部の参謀G二による謀略であったとさえ言われているのである。その戦後体制は、マッカーサー総司令部の指示で吉田茂が行った公職追放により、戦犯で有力な政治家が政治の世界からパージされていた時代に、吉田茂の独走によって戦後政治の基本路線が確立されているのである。
引退後に吉田茂が著した『大磯随想』に次のような述懐がある。

日本では現在、政治の貧困ということが叫ばれている。事実、日本の政治は貧困に違いない。だが、或る種の人々が殊更、誇張して貧困を言う気味もある。今の政治形態ではいけない。デモクラシーではやって行けない。といふ方向へ論理を持って行く為に、政治の貧困を誇張する向きがある。すると、それは民衆にアッピールする、事實、貧困なのだから。併しそれは現在の議会政治否定の方向を示すもので、我々は充分に注意する必要がある。全く政治は貧困である。だが、貧困にならざるを得ないやうな宿命的なものがあるのであって、敗戦という事實があるのによき政治の行われる譯はない。現に日本にはデモクラシーというものはなかった。それが戦後になって與へられた。我々自身の努力によって手に入れたデモクラシーではない

ワンマンの名をほしいままにした吉田が、皮肉にも占領下に取り組んだ日本の政治と民主主義は〝借り物〟であったことを吐露しているのだ。

そのような戦後の政治の流れを検証すると、「山崎首班事件」は、ある意味、明治維新に匹敵するほどの戦後政治の大きな分水嶺であったとも言える。もし、山崎が民主党はじめとする野党と民主自由党の反主流派との連立工作を受け入れていれば、GHQ民政局の後押しを受けて社会主義的政策を推進していたことは間違いないが、日本の政治が長期にわたり大混乱の時代を迎えていた可能性も否定できない。

山崎は、ナンバー2という幹事長の立場を十分に踏まえ、総裁の吉田茂の排除を拒否すると同時に、日本の政治の混乱を回避し、新憲法の「象徴天皇の時代」の安定のため政治家として「大義」に順じたのである。そのためには自らが議員辞職することで、「山崎首班」の芽を完全に断ち切ったのである。人格者、温厚な紳士である山崎は、静かに身を引いて見せたが、果たして心中穏やかならず、本音は政治家の毀誉褒貶や不道徳、裏切りの実態を見て怒髪天を衝く思いではなかったのか。しかし大義のために水戸の精神を承継して静かに事を収めたのである。

祖父の「鬼山崎」こと幾之進が、宍戸藩主・松平頼徳の助命のために奔走したが、結局、水戸の赤沼獄で獄死した無念の思いを肝に銘じ、勇猛さだけでは正義を成就できないことを知っていたのである。

そのような冷静な思いが、常陸国の風土で育まれた「慈悲の精神」として維新の慶喜と同様に敗戦後の国家の危機を救ったのである。しかし、山崎の議員辞職の決起は、山崎の美学であるとともに政治の腐敗と劣化に対する警告でもあったと見るべきである。那珂川の清流で育った山崎には、濁流に飲み込まれることは潔しとしない覚悟があったに違いない。徳富蘇峰は、山崎を〝新鋭清冽の才気〟と称しているほどである。

伊藤金次郎や戸川猪佐武などは辛口の評論をしているが真相は全く違う。むしろ土俵際で事なきを得た吉田茂は、国難ともなりかねない混乱を「大義」のために回避した山崎に感謝しなければならないのではないか。

見方を変えれば、民主自由党の選出過程からしてその正当性に疑念の残る第二次吉田政権は、皮肉にも辞退した山崎こそが生みの親でもあったのである。吉田茂は、山崎が議員を辞職してまで「大義」のために議員辞職という行動で国会に託したことを謙虚に見つめ、ワンマン政治を避け、戦後日本政治の「王道」を歩まなければならなかったのである。

少なくとも、近衛内閣の内閣書記官長として中国戦線の拡大主義に対抗した風見章や、岸信介の福田赳夫への禅譲に反旗を翻して袂を分かった赤城宗徳、更には保守合同に反発して無所属となり辛い時代をしのいだ橋本登美三郎には、山崎と同じ常陸国の「気骨の精神」が流れており、「水戸の精神」の神髄があったのである。いずれも権力を望まず、民に寄り添い国家と国民のための政治を貫いた真の日本人であった。

ここで改めて「幻の山崎首班工作事件」について、各種関係情報からその背景と経緯を整理して検証してみたい。

一九四八（昭和二三）年六月に勃発した昭和電工疑獄で芦田均内閣の総辞職を受けて、後継首相として、旧憲法下の最後の第三八代衆議院議長（一九四六年八月二四日〜一九四七年三月三一日）を務め、民主自由党幹事長の山崎猛にその白羽の矢が当たったのである。

当初、元首相の吉田茂民主自由党が芦田の後継首相として目されていたが、連合国軍最高総司令部（GHQ）の民政局（GS）の意を受けた民自党反主流派の広川弘禅筆頭副幹事長や中井川隆一郎副幹事長などが山崎猛首班による民主党、日本社会党、国民共同党との連立政権構想を目論んだのである。当時の民主自由党内には、官僚政治といえる吉田のワンマン政治に対する不満が充満しており、広川や中井川には民政局の内々の意向は渡りに船だったのである。

昭和電工事件とは、昭和電工の復興融資をめぐる贈収賄であり、政・官・財界に膨大な資金がばらまかれ、福田赳夫大蔵省主計局長（後の首相）、大野伴睦民自党顧問、西尾末広前副総理、芦田均も総理辞任後に逮捕されるという一大疑獄事件であった。

収賄側はGHQ職員も広範囲に絡み、民政局の高官が取りざたされ、チャールズ・ケージス大佐が失脚している。これはGHQ内の主導権争いがあり、民政局とライバル関係にあったGHQ参謀第二部が暗躍したと言われる。また日本側の捜査も、当初、警視庁の捜査二課長の秦野章（後の警視総監）が日本の政財界とGHQを巻き込む一大汚職事件として取り組むが、GHQの圧力があり、秦野と当時の刑事部長が異動となり、その後の検察主導の捜査ではGHQへの疑惑の追及はなくなっている。

このような一大スキャンダルの渦中で、GHQ民政局は吉田茂ではなく山崎擁立を画策したのである。これは吉田茂がGHQ参謀第二部と親しく、GHQの覇権を握っていた民政局がこれを嫌ったからと言われる。民政局の民主化は急進的で社会主義的であり、これを警戒していた吉田茂を敵視していたのである。GHQ内部の暗闘が、次期日本政府の首相擁立に大きく影響したのである。

GHQ民政局の局長は、日本国憲法草案作成を指揮したコトニー・ホイットニー准将である。このホイットニー准将は、日本国憲法草案作成でも、一九四六（昭和二一）年二月一三日に日本側の吉田茂外務大臣と松本憲法担当国務大臣にかなり高圧的な態度でGHQ草案（マッカーサー草案）を手交して受諾を迫ったと言われる。これが、昭和電工疑獄事件の二年半前のことである。

この日本国憲法を国会で採択した時の衆議院議長が山崎猛である。この時の山崎の議長としての議事進行は見事であり、旧憲法下最後の国会閉会時には、議場から「名議長！」と声が上がり、満場の拍手が挙がったという。

ＧＨＱの民政局の内々の意向に民自党の反主流派が同調し、民自党内には「吉田では難しい」との世論が形成されつつあったが、当初は山崎擁立で動いた福島出身の僧侶政治家の広川弘禅が土壇場で裏切ることになる。山崎擁立の動きが広川弘禅や白洲次郎から吉田の耳に入り、吉田は直接、マッカーサーに確認したところ「マッカーサーは民政局の意向は聞いていない。吉田内閣が成立すれば協力する」との意向を伝えたとされるが、どうやら吉田はマッカーサーに確認していない。またこの件でマッカーサーがコミットするはずもないとの見方が支配的だ。

戸川猪佐武の『小説吉田学校』によれば事実関係は違っている。民政局の意向も文書化されたものでもなく、民政局次長のケージスによる口頭での申し入れであり、ＧＨＱの方針との確信はなかったために、民自党総務会での田中角栄の「我が国は敗戦国だ。が、いかに敗戦国だろうと、アメリカに内政干渉をやらかしちゃいかん。絶対にいかん！」との激烈な演説で、山崎首班の不当性に気づいた吉田茂が「総司令部は民主的な方法を希望している」と、大芝居をうったのである。

だが前与党の芦田均の民主党は首班指名選挙の前日の党代議士会で山崎推薦を決定したのである。このため山崎が出馬すれば野党がまとまり吉田にとっては形勢不利となる。このような動きを察知した前幹事長の松野鶴平が事態解決のために、山崎と親しい益谷秀次と林譲治に山崎を説得させ、結局、山崎は首班指名の前日に議員辞職を決意することで首班指名を固辞したのである。

吉田茂がどのような話をマッカーサーにしたのかしていないのか。またマッカーサーの意向は誰が誰に示したのか不明である。実際、戸川猪佐武は『小説吉田学校』で、松野が吉田側近の渉外担当黒須を総司令部に赴かせ、何もせずに戻らせ、あたかも総司令部は「民主的にとの意向である」との捏造情報を流布させたのが真相と書いている。

しかしGHQ内の覇権争いは、この事件を契機に吉田茂と懇意であった参謀二部の意向が勝り、それまで日本統治を担っていた民政局の力が削がれていくことになる。直前に勃発した昭電疑獄も、日本社会党に肩入れした左派路線の民政局の追い落としを図る参謀二部による謀略であったとすら取りざたされている。

いずれにせよ、幻の山崎猛首班指名工作は、振り返り検証してみると、戦後の日本の大きな歴史的な岐路となる大事件であったのである。同時に、この結果によりGHQの民政局を押しのけ、参謀二部の意向が占領下の日本の未来を決定づけたのである。田中角栄の迫真の演説は見事であり、占領軍の内政干渉を排除したように見えるが、そもそも内政干渉が明確にあったのか、なかったのか、分からない。あったのはGHQ内の参謀二部と民政局の権力闘争である。

同時に吉田首班に到る経緯もまた、吉田茂による策謀が、そもそも占領軍総司令部の「幻の意向」であり、あたかも内政干渉を排除したかのような「見せかけの御旗」に過ぎず、第二次吉田内閣成立を強引に推し進めるための〝禁断の果実〟ではなかったのか。とすれば熱血漢・田中角栄の激しい演説も、結局は総司令部内の権力闘争に利用され、結果としてGHQ参謀二部の新たな見えざる介入を招いた可能性を否定できない。

GHQの意向が、「民主的手続きで決めたし」というなら最も民主的な方法は正々堂々と選挙による選出が王道ではなかったのか。マッカーサーと直接七五回も面談していた吉田茂は民政局にとっては目障りな存在であり、快く思っていなかったのだろう。党人政治家ではない外務官僚出身で英語が堪能なうえ、ハバナ製葉巻でマッカーサーの心をつかんだ吉田茂の野心が勝っていたことは間違いない。

山崎はなぜ、松野鶴平や政友会時代からの同志の益谷秀次や林譲治らの説得工作を受け入れて首相就任を固辞したのか。真相は分からないが、戦後の焦土の中から遥かな未来を見据え、日本国の安定を願い、自らを殺してまで吉田茂の首班を導いた山崎猛の矜持こそ評価されてしかるべきである。

「山崎首班指名工作事件」は、戦後占領政策の「パンドラの箱」だったのである。

パンドラの箱の主人公・山崎猛は、水戸の精神に殉じたが、同時に徳富蘇峰の史観にも殉じたのである。明治維新と敗戦後の大きな歴史の分水嶺で果たした常陸国の精神は二〇〇〇年以上続く常陸国の豊かな精神風土で育まれてきた「水戸の精神」なのである。

かつて常世の国と讃えられた常陸国に、縄文・弥生あるいはそれ以前の古代の時代から時空を超えて滔々と流れてきた二〇〇〇年余の常陸人の歴史により、長い時間をかけて醸成され、研磨されてきた日本人の心の源泉、それは「水戸の精神」という、忘れてはならない日本国の誇りでもあるのかもしれない。徳富蘇峰の「水戸学再検討」は今日的課題ではないだろうか。

# 終章の記　旅の終りに

常陸国《ひたちのくに》政治風土記への長い旅が終わった。前半は古代万葉浪漫《ろうまん》に始まり中世から幕末までの長い歴史の旅であり、後半は幕末から明治維新、そして戦前、戦中、戦後に到る気骨の政治家群像の精神風土を訪ねる旅であった。

常陸国の雨引山楽法寺と中国・上海松江区の明朱舜水記念堂とに誘われ出立したこの旅は、ほんとうに長い旅であった。二〇〇〇年余に及ぶ時空を超えた万葉浪漫の世界への旅路は、慈覚大師円仁の『入唐求法巡礼行記』のようであり、マルコポーロの『東方見聞録』のようでもあった。土着の風土に根付いた言い伝えや伝聞に感動しながら、一方で異邦人の旅行記のように遠景から見る歴史は追えども追えどもこの手でつかむことは出来なかった。

しかし、縄文土器の小さな欠片《かけら》のような歴史の痕跡は、時空を超えて糸を紡ぐように織り込んでいくと見事な歴史絵巻の図柄が現れてくるのである。それは想像を超える全く新たな世界を垣間見せたのである。

内海だった香取の海と黒潮文化のふれ合いに始まる万葉浪漫の歴史は、常陸国を舞台に、縄文・弥生に始まり古墳、飛鳥、奈良、平安時代から鎌倉、南北朝、室町、安土桃山時代を経て江戸時代へと東国で独自の歴史と文化を織りなしてきた。さらに幕末の混乱を経て、明治維新の近代国家の仲間入りから戦中・戦後と怒濤の歴史まで、筑波山と霞ヶ浦の豊饒な四季に培われながら多くの武将や政治家が栄枯盛衰し、近代日本国の幕開けを導いた「水戸学の精神」が成熟してきたのである。

「水戸学の精神」、それは常陸国の武士や政治家を貫く「気骨」であり「矜持」である。そしてその根底を為すのは、中国の儒教や仏教から学んだ民に聞き民に寄り添う「慈愛」と「覚悟」「謙虚」のことであった。徒に権力を求めず、私欲を排し、民に聞き民に寄り添う政治こそ「水戸学精神」の神髄である。

少なくともその精神のルーツは古代万葉藤原の時代に始まり、長い時間をかけて醸成されたとびきり上質の日本酒のようなものである。その精神を育んだのは、徳富蘆花が短い小説で著した漁師の娘・お光の心のように、筑波山と霞ヶ浦の景観と四季折々の自然が培ったものである。そのような清冽な精神が幕末の藤田東湖や徳川斉昭により結実し、幕末維新の起爆剤となり、近代国家への歩みを始めたのである。しかし明治新政府の近代国家への性急な意識が、司馬遼太郎の『坂の上の雲』のように坂を駆け上がろうとしたが、坂の上の雲は気づいたら雲散していたのである。それが明治維新以降の日本の姿ではなかったか。そのような熱病にかかったかのような戦前、戦中、さらに戦後の焦土に「水戸学の精神」で立ちはだかったのが、ここで取り上げた常陸国に育った気骨の政治家群像のことである。

「近代茨城の父」飯村丈三郎は慈覚大師円仁が開基した千妙寺で、亮天僧正から「四恩の説」を学んだ。「報恩感謝」の精神である。今から一二〇〇年近く前の慈覚大師円仁の旅日記『入唐求法巡礼行記』や五台山巡礼から学んだ仏教の教えと儒教の精神が一〇〇〇年の時を超えて亮天僧正から飯村丈三郎幼年期に伝承された人間哲学のことであった。この精神が幕末の「水戸学の精神」として明治維新に橋を架けたのである。

慈覚大師円仁と朱舜水の摂理が徳川光圀、徳川斉昭、藤田東湖により開花し、飯村丈三郎によって近代国家・明治の時代に受け継がれたのであろう。飯村丈三郎の生家の庄屋門の前の欅の巨木は天を衝くように枝を張り、今なお夏の強い日差しから生家を護り大地に根を張っている。

この「近代茨城の父」飯村丈三郎から直接薫陶を得た憂国の野人政治家・風見章は近衛文麿内閣の官房長官として白洲次郎や山本十五郎らと東条英機らの陸軍の中国戦線拡大主義に抗するが陸軍の謀略に嵌められることになる。早稲田大学雄弁会からの盟友・中野正剛は一九四三（昭和一八）年自宅で割腹自殺、山本五十六は四三年にソロモン諸島のブーゲンビル島上空で撃墜され大海に消え、近衛文麿は四五（昭和二〇）年GHQの逮捕直前に自宅で青酸カリ自殺と、風見は大切な盟友を相次いで失った。風見章の墓碑銘には「巨海納百川」とある。筑波嶺詩人・横瀬夜雨に魂を揺さぶられた風見を支えたのは「詩魂」と「気骨」であったのだ。

風見章の下妻中学の後輩でもう一人の野人政治家・赤城宗徳は、ソ連との漁業交渉でソ連側が音を上げるほどの剛腕ぶりを発揮、衆議院議場で下妻中学の先輩・風見の追悼演説を行っている。赤城は故郷の武将・平将門の研究家で著書も多数あり、将門の再評価を果たしている。岸の福田赳夫への派閥禅譲に激怒し、長きにわたる盟友岸信介とも決別し、椎名悦三郎や川島正次郎など気骨の政治家と保守本流の政治を全うした土の匂いのする哲人政治家であった。頑固な村長さんがそのまま大臣になったような風貌が印象的である。

橋本登美三郎は、佐藤栄作、田中角栄の大番頭として国政の王道を歩んだ大政治家であるが、晩年にロッキード事件で連座し政治生命を絶たれた。しかし、昨今のロッキード事件と田中角栄に関する著作物でロッキード事件の闇の再検証が行われているが、いずれも最も重要な視点が欠落している。全日空ルートの東京地裁判決から一三年後の一九九五（平成七）年に最高裁で丸紅ルートの上告が棄却された際に、最高裁は全裁判官一致でコーチャン等の尋問調書を違法収集証拠と断定し、証拠能力なしとして証拠排除したのである。一三年前に橋本登美三郎が「死にも勝る屈辱と苦痛を与えた人々に怒りを覚える」と激白し、「最高裁の宣明書は憲法違反、嘱託尋問調書の証拠提出は不当」と訴えたことは正しかったのである。しかし、この時既に橋本は泉下の人であった。橋本の名誉は回復されなければならないであろう。橋本は誰かをかばい汚名を着せられた。それが事の真相ではないのか。誰をかばったのか、そのことを知るのは泉下の橋本だけである。

地元の潮来に慈母漢音を建立するなど信仰心篤く、政治の劣化と矮小化に危惧を抱き、「政治の心」について警鐘を鳴らしていた橋本の雅号「西湖」は光圀の隠居所・西山荘と藤田東湖から「西」と「湖」をとったものである。水戸学の精神に深く思いを致した慈愛と気骨の政治家であった。

水戸藩士の末裔にして、幻の首班指名工作に静かに刀を置いた山崎猛もまた筋金入りの気骨の人であった。でなければ明治から戦前戦中戦後と一流の哲学者、言論人として論陣を張った徳富蘇峰の薫陶を受けることはなかったろう。さらに三井物産の重鎮から満鉄総裁を務めた山本条太郎に請われ満州国の世論形成を担う日刊の朝夕刊紙「満州日報」の経営を任されたことも山崎の高い知見と品格、気骨の日本人であったことを物語っている。山崎無ければGHQの戦後統治も混乱し、吉田茂から始まる保守本流の政治もなかったのである。七〇数年経った現在でも、第二次吉田内閣の首班指名はその正当性に疑問が残ることは事実である

山崎の生家は、水戸の下級武士の屋敷街にあったと伝えられる。天狗党に加担したとして切腹

させられた宍戸藩主・松平頼徳の助命で奔走した祖父の「鬼山崎」が獄死した赤沼獄跡地は生家の近隣にある。宍戸藩主の潔白を主張した祖父の無念さを山崎は幼少より心に刻み込んでいたはずである。首班工作を固辞し、刀を置いたのは山崎の明鏡止水の「反骨精神」そのものであったに違いない。

一九七五（昭和五〇）年五月、私はニューヨークの時事通信総局に赴任した。まだ成田空港はなく、羽田空港からPANAM直行便でニューヨークにたどり着いたが、直行便とは名ばかりでサンフランシスコでストップオーバーし、ニューヨーク便とロスアンゼルス便に分かれるフライトであった。

機内にはベトナム戦争の帰還米兵がベトナム人の妻と幼児とともに数組乗り込んでいたことが脳裏に焼き付いている。ベトナム戦争が終結したのが一ヵ月前の一九七五（昭和五〇）年四月三〇日であった。

ニューヨークのマンハッタンは目をみはるばかりの摩天楼であり、初めての海外経験であったことからすべてが驚きの連続であった。住まいは支局に近いセントラルパークサウス、五九丁目のブロードウェイと八番街の交差するコロンバスサークルの角のマンションを選んだ。一九階の部屋から左にハドソン川、右には五番街、眼下にはセントラルパークが広がる絶景の住居であった。五番街のパークイーストには暗殺されたケネディー大統領の未亡人のジャクリーン・オナシス、八番街のパークウェストには凶弾に倒れたビートルズのジョン・レノンが住むダコタハウスがあった。

映画でしか知らなかったニューヨークでは刺激的な生活が毎日続いたが、ある日、日本にとんでもない「忘れ物」をしてきたことに気が付いた。

それは日本の歴史を全く知らないまま外国に来たことである。ましてや自分の故郷の水戸の歴史も何も知らない。断片的な年表程度のことしか知らないのである。日本人としてのアイデンティティーが実に曖昧であったのだ。それは、戦後の日本人に共通することかもしれない。敗戦から経済的な復興は成し遂げたが、日本人としての精神の基盤が崩落していたのだ。そのことを曖昧にしたまま手をこまねいてきたのが戦後政治の現実である。そのことに気が付いたのは、アメリカの友人に質問されても何も答えられない自分に気づいた時である。自分の国の歴史を知らない。これほど恥ずべきことはなかった。要は自分のことを知らないのだ。

その後日本に帰国してから数年後、大阪に転勤となり一時期京都に住んだが、高校の修学旅行以来、初めて奈良・京都で日本の古い歴史・史跡に接した。同時に故郷の水戸や笠間の歴史にも少しずつ啓発され目覚めてきた。それでもまだ転勤者の観光意識に支配された観察眼でしかなかったことは確かだ。

またアメリカから帰国後、香港、シンガポールに長期出張していたが、昭和が終わろうとしているとき上海を訪れる機会に恵まれた。「改革開放」と書かれた道いっぱいの横断幕をくぐり市中に入ると、とてつもない衝撃に襲われた。まだ新開地は更地の状態であったが、目の当たりにした上海のエネルギーのポテンシャルに圧倒されたのである。この都市はいずれニューヨーク、香港、シンガポールを合わせてもかなわない国際都市が出現すると直感したのだ。高杉晋作が幕府の帆船「千歳丸」で上海に赴いたときに受けた欧米列強の風圧のような衝撃であったのかもしれない。

それから一〇年以上が経ち、たびたび中国を訪れる機会が増えたが、中国の変貌ぶりにかつて上海で受けた衝撃が間違いなかったことを確信した。そのような時に、上海松江区の明朱舜水記念堂を訪れ、朱舜水と水戸光圀の関係が日中交流の源流とする記念館の趣旨に、水戸の歴史、日本の歴史を教えられたのである。知っているようで知らなかった日本の歴史、故郷の水戸の歴史を改めて中国の地で知ったのである。かつてニューヨークで日本の歴史を知らない自分の姿に悄然とし、今度は中国の上海で、水戸の歴史、日本の歴史を教えられたのである。

中国の友人に、「我々は中国から学んで長い歴史を育んできた」と話すと、友人は「確かに中国はかつては教える立場であったかもしれないが、いまは中国が日本から学ぶ立場にある」と答えたのである。この中国の友人の謙虚さこそ、今の中国の強さであるのかもしれない。私はこれに対し、「確かに互いに学んできたが、いまや再び日本が中国から学ぶ時が来ている。それは中国の古典や儒教の精神であると思う」と返している。

ＡＩ化が進み、コロナ禍と変異ウイルスに世界中が混迷しているときに、パンデミック後の来るべき未来社会で中心に据えなければならない哲理とは何なのか。モリカケ、桜、カジノＩＲ、さらに総務省、農水省における接待疑惑、これらを隠蔽するために嘘と文書の改ざんは当たり前。これでは国は崩壊する。一〇年目となる東日本大震災の復興も道半ば、福島原発事故の汚染水、汚染土壌もままならず、復興五輪とは名ばかりだ。さらに相次ぐ天変地異、巨大地震すら危惧されている。これでは杜甫の漢詩春望の「国破れて山河在り　城春にして草木深し」どころか憲政史上最悪の政治の惨状は、「国破れて山河なし」ともなりかねない。このような国の惨状に常陸国の気骨ある政治家が直面すれば怒髪天を衝く思いであるだろう。日本人から何かが欠落した。やはりそれは土着の歴史に対する畏怖と尊敬心ではないか。

このような日本国の再建のためには、儒教の精神、とりわけ「中庸の精神」を取り戻すことではないか。「中庸」とは誠と徳の道であろう。光圀と朱舜水がひも解き、水戸学の精神として結実した古来からの教え、さらには慈覚大師円仁から飯村丈三郎に引き継がれた「報恩感謝」の精神のことではないか。人間社会の「法」を上回る規範、それは「徳」のことに違いない。

『常陸国風土記』に基盤を置いたこの物語を貫くものは、歴史に学び歴史を学ぶ心のことであり、日本各地に伝わる土着の歴史こそ我々にとっては、人間社会と人生の「宝箱」であるに違いない。

長い常陸国風土記への旅は終わったが、これは新たなる旅への始まりでもある。

松尾芭蕉は、奥の細道の旅の途中、鹿島から雨引山楽法寺に立ち寄り、二つの句を残している。いずれも自筆の染筆の軸が楽法寺に残されている。

○寒菊や　粉糖のかかる　臼のはし

○雨引の　名もことわりの　時雨かな

慈覚大師円仁や松尾芭蕉は自分の足で大地を歩き、自分の目と感性で旅をして旅日記や俳句に思いをとどめた。我々も急がずゆっくりと「歴史の旅」をかみしめることが出来たら、恐らく人生は精神的に豊かな実りをもたらしてくれるだろう。

二〇〇〇年の悠久の時間に変わらない大切なもの、それは人としての「誠」と「徳」である。

常陸国政治風土記の歴史が、それを教えてくれたような気がする。

筑波山と霞ヶ浦に感謝！

そしてこの作品を書き上げる勇気を与えていただいた二〇〇〇年の悠久の常陸国の「民」に感謝する。

令和三年　梅花繚乱の早春　龍太郎

# あとがき

この物語の旅の起点となった雨引山楽法寺の境内では、早春の山桜から牡丹、そしていま紫陽花が咲き乱れ、弁天池の水面に浮かぶ数千もの水中花が見事である。

このようにして五八七年に中国の僧侶・法輪さんが開山した古刹は、眼下に広がるはるかな関東平野と筑波山の双峰を見据えながら一四三四年の時を紡いできたのであろう。雨上がりの筑波山麓から雨引山の山腹にゆったりとたなびく朝靄は、まるで巨大な白龍が静かに眠りについているような幽玄なる水墨画の世界を現出している。

千数百年の時を経て変わらないもの、それはうつりゆく季節と悠久の時間である。ここ常陸国で繰り広げられてきた歴史絵巻に誘われた常陸国政治風土記物語への旅は、たぐいまれなる豊饒な時間であった。この旅で出会った常陸国の歴史上の先達に心から感謝したい。

昨年来のコロナウイルス・パンデミックの脅威に今なお全人類がさらされている。古来、疫病は大きな社会変革をもたらし権力構造を変えると言われる。人知を超えた疫病パンデミックは出現するたびに世界史や日本史をドラスティックに変えてきたことは論を待たない。

例えば七三五（天平七）年の夏、九州大宰府地方から流行しだした疫病・天然痘は、律令国家を確立した藤原不比等の息子の藤原四兄弟全員の命を奪い、全盛をきわめた藤原四卿時代が終焉している。さらにこの天然痘大流行は、その後、旱魃、飢きん、M７クラスの畿内七道諸国、M７・９クラスの美濃国を中心とする大地震にも見舞われ、大きな不安に襲われていた時代であった。

一八五五年の安政大地震の時も、三年後に長崎でコレラが発症し全国に流行し、社会不安が攘夷の機運を高め、安政の大獄、桜田門外の変と怒涛の幕末の歴史から明治維新へと突き進んでいる。

我々はこれから「ウィズ／アフターコロナ」の世界と向き合うことになる。これまでの新自由主義の弱肉強食・競争原理と経済成長一本やりの社会から脱却し、おおらかで豊かな社会の創造が求められている。桃源郷、常世の国と伝わる常陸国は、自然と共生する豊かな社会であり、その基盤を成したのは儒教や仏教から学んだ「徳」の精神ではなかったのか。

時代が移り、今日、最先端の科学技術と田園の自然が共生する筑波学園都市には、常陸国風土記の調和のとれた社会の原型を感じることがある。ＪＡＸＡの宇宙ロケットと美しい双峰の筑波山が見事に調和している。それは静かな満月の月夜の晩も、激しい嵐の風雨の日にも変わらない光景である。

二千年余にわたるこの物語を疾駆した平将門、水戸光圀、朱舜水、さらに時代が下り明治維新以降に戦中戦後と政治家としての「気骨」と「矜持」を示した飯村丈三郎、風見章、山崎猛、赤城宗徳、橋本登美三郎をはじめとする「水戸の精神」に殉じた常陸国の先達に思いを致すにつけ、優れたリーダーに恵まれない今日の我が国の政治の惨状には慙愧に堪えないものがある。

この物語で取り上げた常陸国の政治家群像は、いずれも権力を求めず、民に寄り添い、国家の安寧を願った筋金入りの屈強な精神の日本人でありました。これらの先人によって政治の節々で日本国のかじ取りをしてきた至誠の人々であったのです。それに引き換え、現在の日本の政治の劣化、政治の貧困は目を覆うばかりの惨状である。

戦後、吉田茂がその著『大磯随想』で「全く政治は貧困である。……現に日本にはデモクラシーというものはなかった。それが戦後になって與へられた。我々自身の努力によって手に入れたデモクラシーではない」と語り、「日本のデモクラシーは、出発後まだ日が浅く、大部分の民衆はその真意を理解していない。……新しく出て来た人が無能だとは思わないが、まだ政治的訓練と経験を積んでいない為に、国家を背負うだけの力が足りない。これらが日本の政治を貧困に陥らせしめたと思う。これは敗戦の宿命的な現象とも言える。併し私は決して失望していない。人間というものは進歩するのであって、将来は立派な人間が出て来ることを私は信ずる」と結んでいる。

併し、現状、吉田の願望は見事に打ち砕かれたと言わざるを得ない。吉田の直後からは評価は分かれるが、岸信介、池田勇人、佐藤栄作、田中角栄、大平正芳など哲学もある気骨もある骨太の政治家が出現した。日本が豊かになるにつれて政治の基盤が根腐れを始め、吉田の理想としたデモクラシーは日本に根付くことはなかったのである。その行き着いた先が、今日の政治の劣化と貧困である。

日本の高度経済成長につれ、政治の劣化というウイルスが変異を繰り返し、より強靭になり日本社会を蝕んでしまったのである。このウイルスは人間の歴史で絶え間なく出現してきた人間の精神に巣食う「自己中心主義」というウイルスのことである。戦後すぐの吉田の時代には、「敗戦」という劇薬が日本社会の蘇生に役に立ったが、官僚やメディアまでもが質的劣化をきたしている今日の惨状では、もはや「つける薬」はない。

今回の「常陸国政治風土記物語」の歴史への旅で確信したのは、我々は今こそ日本国と日本人である自らを直視しなおすことの大切さだった。吉田のいうデモクラシーを成熟させるためには、悠久の歴史に学び、人としての不変の「徳」を良薬として服用することであろう。西洋文明のデモクラシーが劇薬であったとすれば、東洋思想の「徳」という中国の古典や儒教の叡智を漢方薬のように処方することが望ましいのだろう。そのことによって民が共生する豊かな社会の創造が可能になると確信する。

今回の長い歴史への旅で、身近な歴史の「欠片」にこそ人が共生する無限の価値が隠されていると感じさせられた。慈覚大師円仁や松尾芭蕉、親鸞なども歴史を旅することで、人間のあり様を紐解く「解」が見えたのではないかと思う。

この旅は、道なき歴史の道を行く旅であり、歴史の深い森に迷い込み、途方に暮れたことも、絶望の淵に至ったこともあるが、突然、森の中に差し込む一条の光が進むべき新たな道を示してくれる啓示もあった。

そして何よりも、最も尊敬する森田実先生の温かい励ましの言葉と助言がなければ、この歴史の旅の作品は書き上げることは出来なかったのである。森田先生の粘り強いご指導に心より感謝申し上げます。

また中国山東省の済南、青島の皆さん、山東大学、青島大学、濱州学院大学孫子研究院はじめ中国の多くの友人、二〇一五年の「儒教文化ルーツ探し」訪中団の皆さん、そしてこの本を刊行いただいた論創社の皆さんに心より感謝申し上げます。

令和三年　初夏

岡野龍太郎

# 主要参考文献


『常陽藝文』常陽藝文センター（一九八三年創刊号）「万葉集ひたちの歌」
『常陽藝文』常陽藝文センター（一九八五年四月号）「将門の生誕地を探る」
『常陽藝文』常陽藝文センター（一九八五年五月号）「現代に生き続ける風雲児」
『常陽藝文』常陽藝文センター（一九八五年九月号）「洋画史の草創期に輝く女性」
『常陽藝文』常陽藝文センター（一九八七年三月号）「謡曲「桜川」の世界」
『常陽藝文』常陽藝文センター（一九八七年六月号）「佐竹一族と中世の茨城」
『常陽藝文』常陽藝文センター（一九九〇年四月号）「藤原鎌足鹿島生誕説を追う」
『常陽藝文』常陽藝文センター（一九九一年六月号）「徳川斉昭」
『常陽藝文』常陽藝文センター（一九九二年八月号）「常陸國風土記」
『常陽藝文』常陽藝文センター（一九九五年六月号）「霞ケ浦」
『常陽藝文』常陽藝文センター（一九九七年三月号）「雨引山を歩く」
『常陽藝文』常陽藝文センター（二〇〇〇一年一月号）「陰陽師・安倍晴明」
『常陽藝文』常陽藝文センター（二〇一一年二月号）「武田氏、常陸へ帰る」
『常陽藝文』常陽藝文センター（二〇一一年二月号）「甲斐武田氏発祥の地」

佐藤信弥『周—理想化された古代王朝』中公新書（二〇一六年）
寺田隆信『物語 中国の歴史』中公新書（一九九七年）
斎藤成也『日本人の源流』河出書房新社（二〇一七年）
磯田道史『日本人の叡智』新潮新書（二〇一一年）
岡田英弘『読む年表 中国の歴史』WAC（二〇一五年）
陳舜臣、NHK取材班『長安から河西回廊へ』日本放送出版協会（一九八八年）
河上麻由子『古代日中関係』中公新書（二〇一九年）
加藤健吉『渡来氏族の謎』祥伝社新書（二〇一七年）
北山茂夫『大化の改新』岩波新書（一九六一年）
髙木博『萬葉の遣唐使船』教育文化センター（一九八四年）
田中英道『高天原は関東にあった』勉誠出版（二〇一七年）
海部陽介『日本人はどこから来たのか?』文藝春秋（二〇一六年）
尾形勇『中国歴史紀行』角川選書（一九九三年）
寺田隆信『物語 中国の歴史』中公新書（一九九七年）
上野誠『遣唐使 阿倍仲麻呂の夢』角川選書（二〇一三年）
楊正光、汪向栄『日中関係簡史』五月書房（一九七五年）

井上靖『孔子』新潮社（一九八九年）
E・O・ライシャワー／田村完誓訳『円仁 唐代中国への旅』原書房（一九八四年）
高松市右衛門『晴明伝記』原文読み下し
伊藤晃『平将門─その史実と伝説』崙書房（一九八一年）
瀬谷義彦『水戸の光圀』茨城新聞社（二〇〇〇年）
瀬谷義彦『新装 水戸の斉昭』茨城新聞社（一九八五年）
徐興慶『東アジアの視野から見た朱舜水研究』（『日本漢文学研究』所収、二〇〇七年）
鈴木茂乃夫『水戸藩・戊辰の戦跡をゆく』暁印書館（一九八六年）
江藤淳『南洲残影』文藝春秋（一九九八年）
田中真理子、松本直子『水戸天狗党』講談社（一九七七年）
鈴木茂乃夫『雪の桜田門外をゆく』暁印書館（一九九〇年）
河上徹太郎『吉田松陰』文藝春秋（一九四八年）
西村文則『飯村丈三郎傳』昭文堂（一九三三年）
日本文学全集四『國木田独歩・徳富蘆花集』新潮社（一九四六年）
徳富蘆花『漁師の娘』百年文庫八七号収録／ポプラ社（二〇一一年）
徳富蘇峰『水戸學再検討』（講演速記）水戸市役所（一九三九年）
小田秀夫『山下りん─信仰と聖像画に捧げた生涯』（ふるさと文庫）筑波書林（一九八〇年）

松本清張『岡倉天心　その内なる敵』新潮社（一九八四年）
斎藤隆三『岡倉天心』吉川弘文館（一九八六年）
瀬谷義彦、佐久間好雄『茨城の史跡は語る』茨城新聞社（一九八九年）
鈴木壮一『昭和の宰相 近衛文麿の悲劇』勉誠出版（二〇一九年）
小山俊樹『五・一五事件』中公新書（二〇二〇年）
風見章『近衛内閣』中公文庫（一九八二年）
望月雅士『風見章の原点』（講演『風見章の目指したこと』のまとめ、二〇一二年）
須田禎一『風見章とその時代』みすず書房
戸川伊佐武『昭和の宰相・第二巻 近衛文麿と重臣たち』講談社（一九八二年）
伊藤金次郎『あの人この人』新世界文化社（一九五一年）
鍛冶隆一『一業一人伝 緒方竹虎』時事通信社（一九六二年）
赤城宗徳『あの日その時』文化総合出版（一九七一年）
橋本登美三郎『私の履歴書―激動の歩み』永田書房（一九七六年）
春名幹男『ロッキード疑獄』角川書店（二〇二〇年）
吉田茂『大磯随想』雪華社（一九六二年）
吉川樹、高橋康夫『小石川公園』東京公園文庫（一九八一年）
田原総一郎、山口那津男『公明党に問う　この国のゆくえ』毎日新聞出版（二〇二〇年）

『季刊・日本思想史　特集―朱舜水と東アジア文明：水戸徳川家の学問』ペリカン社（二〇一三年）
『世界大百科事典別巻2　世界地図』平凡社（一九六八年）
『小冊子・故山崎猛君をしのぶ』徳富蘇峰記念塩崎財団所蔵（一九五八年）
『第六四回帝国議会衆議院議事速記録第三十号』（一九三三年）
『第六四回帝国議会衆議院予算委員会議録第五号』（一九三三年）
『第七五回帝国議会衆議院議事速記録第五号』（一九四〇年）
『第九〇回帝国議会衆議院議事速記録第三五号』（一九四六年）
『第三回国会衆議院会議録第四号』（一九四八年）
『第三回国会参議院会議録第四号』（一九四八年）
『第四〇回国会衆議院会議録第三号』（一九六一年）
『自民党茨城県連会長　山口武平伝』山口武平伝刊行会（二〇〇五年）
『詳説日本史図録（第七版）』山川出版社（二〇一七年）
『詳説世界史図録（第二版）』山川出版社（二〇一八年）